叶嘉新 著

杏庐读书记

文汇出版社

图书在版编目(CIP)数据

杏庐读书记/叶嘉新著.—上海：文汇出版社，
2020.8
（开卷书坊/董宁文主编.第九辑）
ISBN 978-7-5496-3213-8

Ⅰ.①杏… Ⅱ.①叶… Ⅲ.①随笔-作品集-中国-
当代 Ⅳ.①I267.1

中国版本图书馆 CIP 数据核字(2020)第 084403 号

杏庐读书记

策　　划 /	宁孜勤
主　　编 /	董宁文
书名题签 /	锺叔河
篆　　刻 /	韩大星
作　　者 /	叶嘉新
责任编辑 /	鲍广丽
封面装帧 /	观止堂_未氓
出 版 人 /	周伯军
出版发行 /	文汇出版社
	上海市威海路 755 号
	（邮政编码 200041）
经　　销 /	全国新华书店
排　　版 /	南京展望文化发展有限公司
印刷装订 /	安徽新华印刷股份有限公司
版　　次 /	2020 年 8 月第 1 版
印　　次 /	2020 年 8 月第 1 次印刷
开　　本 /	889×1194　1/32
字　　数 /	200 千字
印　　张 /	7.875

ISBN 978-7-5496-3213-8
定　　价 / 50.00 元

目录

辑一

003　柳湜的《街头讲话》及其他
007　聂绀弩的第一部新诗集《元旦》
011　夏衍的最后一部多幕剧
018　《色彩》两题
025　方玮德的身后之诗文集与生前之"私印品"
032　赵清阁、老舍联袂创作《桃李春风》
037　朱生豪和《芳草词撷》
040　《歌德研究》：宗白华主事的歌德百年祭纪念集
045　沙汀、艾芜："左联"双璧
048　《南国之夜》与胡风等人的评论
051　从《故乡》到《山野》
053　艾芜的成名作《南行记》
059　艾芜、范泉与《石青嫂子》
062　吴组缃二十世纪三十年代的文学创作
070　"志摩纪念号"与《新月》的灵魂
074　辛笛的《春日草叶》
076　珍藏"七月"两题
082　冀汸的第一部诗集《跃动的夜》
086　牛汉：从热血青年走到热血老年

I

091　燃烧着的石榴花
　　——说说杜谷和《泥土的梦》
097　胡风为"初来的"诗人编诗集
102　叶灵凤的《香港方物志》及其版本略谈
105　像子弹一样呼啸的诗
　　——田间叙事诗《她底歌》的创作与出版
111　从《诗垦地》走向诗坛的"七月"诗人

辑二

119　《新文学碑林》中的瑕疵
122　梁遇春是"中国的艾略特"?
125　此非朱湘的《中书集》
129　《邓以蛰全集》中收录的邓氏莎译
133　黄药眠误读《忘掉她》
136　关于两个"王力"的著述归属问题
139　《大美报·浅草》与郭小川的早期诗作
142　读书识小四题

辑三

155　三位老人和一首诗

158 徐迟译品处女集《明天》
165 《散文诗》：巴金给"文生社"十岁生日的礼物
171 毛姆的小书《书与你》
175 伍光建译述的《孤女飘零记》
179 李健吾译屠格涅夫
183 施蛰存编辑的戴望舒遗译《洛尔伽诗钞》
188 吕叔湘译萨洛扬的《我叫阿刺木》
192 寻访阿索林
　　——爱书絮味之一
196 《伦敦的叫卖声》
　　——爱书絮味之二
200 《小东西》
　　——爱书絮味之三
204 关于《妙意曲》
206 莫渝译的《磨坊文札》
209 《磨坊文札》译事三题
217 获读《春花的葬礼》，想起诗人戴望舒
221 果尔蒙的《西茉纳集》在中国
227 梁实秋眼中的布莱克
233 穆旦（查良铮）、袁可嘉与布莱克

239 后记

辑一

柳湜的《街头讲话》及其他

柳湜是我国现代文化史上优秀的新闻出版家、政论家和教育活动家。二十世纪三十年代他先后在上海、汉口、重庆等地从事党的文化工作，曾与李公朴、艾思奇等共同主编《读书生活》半月刊，并任《生活日报》《全民周刊》《全民抗战》等进步报刊的编委、主编。同时还为《申报·自由谈》《大众生活》《太白》等许多进步报刊撰稿，内容涉及当时的时局、社会动态、青年生活等题材。大量的文章先后编为《如何生活》《社会相》《街头讲话》《柳湜论文选》《救亡的基本认识》《实践论》《国难与文化》等文集，可谓佳作连连，新著迭出。一九三四年至一九三八年是他的写作旺盛时期，也是他写作最有光彩的时期。

柳湜这一时期的著述，总的来说，旨在深入浅出地宣传马克思主义哲学，普及社会科学知识，宣传抗日救亡运动，对广大民众和青年进行思想启蒙教育。

《如何生活》，一九三五年上海读书生活出版社初版。为李公朴主编的"读书生活丛书"中的《读书问答》第一集，本书所收十七篇文章均发表于《读书生活》第一、第二卷的"读书问答"栏。如《青年病》《如何生活》《怎样认识人》《人和环境》《不能跟阮玲玉走》都是很好的篇什。作者以感人肺腑的热情，从具体的小事情，如学生失学、工人失业、封建家庭悲剧以及婚姻悲剧等一些社会问题入手，引导青年"从针鼻孔去窥世界"，教育和启迪青年从个人的苦难而体验阶级的民族的苦难，从一己的悲惨命运而洞察其社会根源，从求个人解放升华到争阶级的民族的解放，既指陈时弊，又贴近现实，文章写得极为深刻。无怪乎李公朴在此书的"序"中说："我爱读本书作者写的文章……他的文章是在说他要说的话，所以明白易解，不带任何方巾气，读起来，平淡自然，虽不在卖弄学问，但理论的深厚自然可见；虽是纸上的文章，却因与实践融成了一片，只见热情奔放。"以至"读书问答"这个栏目在《读书生活》中被人们认为是最满意的一栏。

《社会相》是一本小评论集。一九三五年四月上海读书生活出版社出版，属李公朴主编的"读书生活丛书"之列，收文章八十篇，内容涉及各个方面。作者在《前记》中说："有的由于个人的感触，有的由于社会发生事件的刺激，有的是对于某些'高论''妙论'之类的不满而发生的辩证，有的是有意在拆穿西洋镜，揭露我所发现了的骗局。"是道地的社会知识小品。作者通过一幅幅用文字画出的社会相，透视世情，为千千万万在生存斗争中的人们参考。

《街头讲话》，一九三六年四月上海生活书店出版。本书收入五十篇文章，内容关涉社会、经济、政治、道德、宗教、风俗、艺术、哲学等方方面面，是柳湜向民众全面介绍社会科学知识的小品集。作者在《关于街头讲话》（本书的总论）中说："《街头讲话》就是想按着目前的街头人的需要，对于街头人应当知道的关于社会科学基础知识方面，作一点随随便便的讲话。"文章写来轻松活泼，通俗晓畅，形象具体，充满着作者实际的"生活经验"。邹韬奋曾于一九三六年六月十四日《生活日报》星期增刊第二号上以"落露"的笔名撰文评述该书说："解释社会科学的人往往犯有一个很大的毛病，满篇文章里堆满新名词而内容却很贫乏，尤其是和现实离得十万八千里,使读者感到研究社会科学是硬着头皮多记些和现实不相干的名词原则,是所谓学者的专利品,不是一般人的事情,甚至不是一般人所能懂得的神秘的东西。柳先生这本书可以打破这个误会,是研究社会科学入门的一本好书。"这一年的十月,毛泽东曾在延安给当时在西安从事统一战线工作的叶剑英等人写信,要求购买艾思奇的《大众哲学》和柳湜的《街头讲话》,以供延安的学校与部队提高干部政治文化水平之用。足见这些通俗著述的价值和口碑。此外,柳湜于上海读书生活出版社一九三六年出版的其他几本书,也都是用极通俗的语言,在讲解马克思主义常识、宣传抗日救亡运动方面产生了巨大魔力的好书。

柳湜的这些论著,为什么在那个历史时期产生了那么大的轰动效应?其主要原因在于作者对宣传普及马克思主义哲学和其他社会科学有着他特有的见解和风格。作者是这方面的理论家,更是这方面的实践家。早在一九三四年五月,柳湜就以柳辰夫的笔名出版了《怎样自学社会科学》(作者的第一本书)。柳湜在"自序"中表示:"关于社会科学大众化,目下实在还差得很远,作者今后甚愿在这方面更加努力,从事通俗编著。"自此,作者始终努力使外来的先进理论"中国化",使艰深的理论"大众化""通俗化";"在当前国难期中,写作者站在唤起民众的意义上,写作的形式,我以为越接近大众,大众越熟识的越好。"(《街头讲话·前记》)"我一想到实践抗争中的艰辛,我觉得我应该把文字写得更亲切动人,使忙于抗争中的朋友们读到这些东西不觉得过于枯燥,读不终篇。"(《实践论·前记》)"我处处在求得好懂点,有时宁肯减少一些文字上的美,却不想使意思朦胧、晦涩。"(《社会相·前记》)众多的论著表明,作者的文字确实不哗众取宠,不自炫高深,而为人民大众喜闻乐见。

柳湜写于这一时期的通俗著述,比之宏文典册的社会科学专著,似乎难登大雅之堂。当年就有某些高人雅士将他的著述讥之为"浅薄",责怪他为什么不写点"正路"的东西。

柳先生写了一篇《浅薄》（见《社会相》），慨然而诙谐地回答："'浅薄'，这两个字用到批评我写的东西上，我不表示反感，同时也无一点自愧之心。因为我写东西的初衷，就是没有预备'高深'……其次，收我的文章的刊物，原本不是什么大学的年刊，却是供给所谓浅薄的人读的东西……所以，我每次属稿时，在文字的形式与内容两方面，总故意求它浅显明白，不尚高雅。"在那个战火纷飞的年代，数以万计的读者，由于柳湜等人通俗著述的启蒙和感召，接受了马克思主义，走上了中国共产党所领导的革命道路。他是那时"有成效地从事马克思主义宣传工作的最活跃的作者之一"。

柳湜先生的通俗著述，应该是一笔丰厚、宝贵、值得珍视的精神遗产。一九八七年十二月，生活·读书·新知三联书店出版了六十余万字砖头那么厚的《柳湜文集》，或许正是继承这一遗产的善举吧。但令人深深怅惜的是，这样一本好书，只印了一千三百本。且不说柳湜著作的初版本，就是手头这本《柳湜文集》如今也不易得了。

（原载《书城》一九九四年第十二期）

聂绀弩的第一部新诗集《元旦》

聂绀弩在现当代文学史上确实是一位当得起"鬼才"之称的诗人。这主要体现在他以杂文入诗，创造了杂文诗，或称诗体杂文——"绀弩体"旧体诗。其实，聂绀弩的新诗也同样写得好，绀弩翁也并不鄙弃自己的新诗。他晚年曾自编了一本新诗集《山呼》，却又一直找不到地方梓行。后来总算编入《聂绀弩诗全编》，于一九九二年十二月由上海学林出版社出版。

说起聂绀弩的新诗集《山呼》，就不能不说到他的新诗集《元旦》。

《元旦》是聂绀弩第一部也是唯一的一部单行本新诗集，香港求实出版社一九四九年七月初版，共印三千册，为六十四开本，内文繁体竖排，共收《论元旦——为一九四九年元旦作》等十首诗，其中《论元旦》《一九四九年在中国》为组诗。全书一百一十九页，薄薄一册令人十分宝爱的小诗集。小诗集目录页之前有一篇小序，书末为香港求实出版社的广告页，其中就有《元旦》一书的广告词。这小序和广告词对我们解读这十首诗和了解作者的诗文观、美学观有不小的助益。序文照录如后：

这里，献给偏爱的读者的，是一本诗集。

《元旦》书影

聂绀弩的第一部新诗集《元旦》

像许多作者一样，我开始是写诗的。那些诗，除了一两首，作为附带的东西，存留在散文集子里以外，都散失了。没有什么可惜，正是从那些东西，我才觉悟到自己不会写诗。认为我的诗，其实都是分行的散文。一切艺术的最高境界都是诗。我的诗既然不是诗，那就作为散文，也不是什么高明的物事。

有了这种觉悟，我就死心塌地写散文。乃至写了许久的散文，我又失望于散文了。因为有时候竟禁不住想写诗，觉得有些东西实在不是散文所能表达。于是又偶一为之地写写诗。这本集子就是那偶一为之的结果。散文已经写久了，生活感觉、情绪，都散文化了。写出来的，更不是诗，不用说。

然而，当愤怒的时候，我叱骂了，当欢欣的时候，我歌唱了；它比散文更多地表达了我的感情。这一点，它在我，又真是诗；我在写它的时候，也真是诗人。而且，我一再地读，把它当作别人的作品读，觉得也不算太坏，至少，不坏过于我的散文。因此我有勇气把它当作一本诗集献给读者。

一九四九年三月二十九日香港

这小序的末段，一九八三年九月，聂翁编写新诗集《山呼》时，经改写，又作为《〈山呼〉自序》的末段。可看出诗人不但不鄙弃自己的新诗。而且对新诗的感情是执着的。《元旦》里的十首诗都是诗人创作于"愤怒的时候"或是"欢欣的时候"，且是朝着"一切艺术的最高境界都是诗"这个方向努力写下的。其中写作时间最早的一首是《一个高大的背影倒了》，当写于一九三六年年底。当年十月十九日，鲁迅先生逝世，聂绀弩参加治丧工作，并扶灵柩至万国公墓。此后不久，聂绀弩就写了这首悼诗。他是把鲁迅作为争自由的战士思想家来讴歌的。诗集中写作时间最迟者则要数《论元旦》和《一九四九年在中国》了。这两首诗都写于新中国诞生前夕，是诗人为祖国的新生而感到欢欣之时不自禁

地歌唱出来的。总之,这十首诗真诚地"袒露了一个共产党人知识分子在这个大时代中的真诚心声,热烈呼号"。(陈子善语)

从版本学角度说,绀弩翁一九八三年九月编定的《山呼》,其主要内容仍然是《元旦》里的诗,因为十首诗的后八首已原诗编入《山呼》,只是组诗《论元旦》和《一九四九年在中国》的情况颇复杂。据绀弩翁在《〈山呼〉自序》中称,新编诗集《山呼》中的长诗《山呼》最初发表于一九四九年九月二十六日、二十七日的《光明日报》,且"是由在香港《大公报》发表过的《论元旦》《日出》两首合起来的"。关于这一故实,现代文学史料家陈子善先生曾就此写过专文,有兴趣者当可参考他的书话集《捞针集》,此不赘述。陈先生说得很好:"若单从版本学的角度评估,这本《元旦》在聂老的诗作中也占据着一个特殊的位置。"

若从现代诗歌史方面说,《元旦》的价值也将是永存的。诗人很看重这本小诗集:"它在我,又真是诗;我在写它的时候,也真是诗人。"好书,可遇而不可求。一九九三年暮春,陈子善先生到香港中文大学访学,在香港的旧书店觅得《元旦》。我依凭《旧书信息报》神交河北张家口高立远书友,二〇〇三年元旦偶然在他的转让书目中觅得《元旦》。在各自的书之旅途中,我们能同获新文学绝版书,可谓神助之书缘也。

(原载二〇〇四年十一月二十九日《旧书信息报》)

夏衍的最后一部多幕剧

自从一九四四年秋天夏衍写毕他的戏剧生涯中最重要的作品即四幕话剧《芳草天涯》，一直到一九五二年已经有整整九年未创作话剧剧本了。一九四九年五月二十六日，夏衍一行从丹阳急行军赶到沪西，次日，随华野司令员陈毅进驻上海，随即出任上海军管会文管会副主任，接管上海市文化工作。这一时段，他还先后任上海市委宣传部部长，文化局局长等职，并兼任上海人民艺术剧院院长。一九五三年初夏，夏衍忙中偷闲写下了五幕话剧《考验》的初稿。

《考验》是一部反映社会主义企业领导思想作风问题的话剧剧本。剧作家为何动念创作这个剧本？据说，一九四九年后在上海一直忙于行政机关工作的夏衍每每参加戏剧界集会，或是听戏剧界朋友抱怨没有"新戏"可演的时候，总有一种内疚和自责的心情。最主要的是，作者几年在实际工作中的学习和锻炼，思想上有了一些提高，"从过去的失败和错误中懂得了一个小资产阶级出身的知识分子必须要首先解决一个站在什么立场和为什么写"的问题。① 尤其是这一时段作者学习了中共七届四中全会文件，于是唤起了创作冲动。后来剧

---

① 夏衍：《考验》后记。

《考验》一九五五年版书影

本出版时，作者还特意将《中国共产党第七届中央委员会第四次全体会议公报》中的一段论述恭录于书前：

……特别是由于中国新民主主义革命胜利后，党内一部分干部滋长着一种极端危险的骄傲情绪，他们因为工作中的若干成绩就冲昏了头脑，忘记了共产党员必须具有的谦逊态度和自我批评精神，夸大个人的作用，强调个人的威信，自以为天下第一，只能听奉承赞扬，不能受人批评监督，对批评者实行压制和报复，甚至把自己所领导的地区和部门看作个人的资本和独立王国。

五幕话剧《考验》似乎就是围绕这段论述来演绎故事并确定主题的。其整个剧情为：一九五三年，老干部丁纬被任命为新华电机制造厂厂长，碰巧副厂长杨仲安是他多年来未见的老战友。丁纬到任后即发现电机厂干群关系紧张，管理混乱，生产效率低。究其症结所在，即杨仲安独断专横的官僚主义作风。丁纬与厂部党委书记方克对杨仲安多次批评帮助，杨仲安非但听不进逆耳忠言，且对敢于揭发其错误的车间副主任徐达民施以打击报复。丁纬不徇旧情，坚持原则，在厂党委会上同杨仲安进行了激烈的思想交锋，杨仲安受到应有的组织处分。剧作家通过剧本大胆敏锐地提出新中国建设中亟待解决的领导干部思想作风问题。剧本告诉人们，一个革命者即使过去对革命功劳再大，如果滋长了骄傲自满情绪，夸大和强调个人的作用及威信，又不及时改正错误，就会危害国家和人民。只有像丁纬那样相信群众，深入群众，实行党的集体领导，才能正确地领导人民群众建设社会主义新中国。不言而喻，《考验》在建国初期反官僚主义的斗争中是发挥了一定的积极作用的。即使在今天读来，依然有着深远的教育意义。

一九五四年，夏衍调任文化部副部长。是年三月，夏衍将《考验》作为一个"未定稿"打印出来征询了少数同志的意见，且作了一次修改。在几位同志热心鼓励下，夏衍"鼓起勇气"将剧本交给了《人民文学》编辑部。一九五四年八月号的《人民文学》全文发表了《考验》。剧本发表以后，剧作家又陆续收到数以百计的读者来信，这些来信有鼓励，有批评，有很详细的分析，也有"设想得非常周到的建设性的修改意见"。于是，剧作家根据中国作家协会创作委员会的讨论，上海人民艺术剧院的演出实践以及真正来自群众读者的激励和批评，又对方克和丁纬这两个人物的描写作了若干的修改。但是"限于认识和生活，限于时间和能力"，作者已不可能对这两个人物较大较深的重塑。① 一九五五年四月，人民文学出版社出版了《考验》单行本，夏衍写了"后记"。书为小三十二开，内文繁体竖排，书前插有剧照五幅，共印一万册。一九五八年九月，人民文学出版社根据一九五五年四月初版本重排印行，首印二千册，一九五九年八月又加印七千册，书改为大三十二开漆布脊纸面精装横排本。检视这两个不同版本的《考验》，剧本未作修改，只是一九五八年版《考验》的"后记"开头部分有局部改动。为叙述方便，现将一九五五年《考验》"后记"开头部分几句照录如后——

……不想写么？不，我还常常有创作的冲动；没有时间写么？也不，过去我写的那些剧本，没有一个不是利用业余的时间写下来的；那么，真的如胡风先生所说，我的创作欲求被"理论的刀子"和"棍子""吓哑"了么？（注：着重号为引者加）

上引文字加着重号者在一九五八年版"后记"中已改为"胡风的反动谬论"。这一小小的改动令人想见二十世纪五十年代初的那场"文字狱"。剧作家之所以如此改动，或许是

---

① 夏衍：《考验》后记。

《考验》一九五九年版书影

一种无奈的"表态"吧!《考验》的"后记"后来又分别收入李子云编《夏衍七十年文选》(上海文艺出版社,一九九六年版)、《夏衍书话》(北京出版社,一九九八年版)二书,前引文字加着重号者又已改为"真的如某些先生们所说"。这是夏衍亲笔所改吗?此处只好存疑。

《考验》是二十世纪五十年代一部有影响的多幕话剧。然而多数研究者认为这个剧本有公式化、概念化的毛病,尤其是丁纬、方克的形象较单薄。① 这主要是由于剧本所反映的新中国初期工业战线上的思想斗争这个领域不是剧作家很熟悉的。作者所捕捉到的也只是一些生活表层的矛盾冲突,而未能将其艺术的笔触深入到人物丰富复杂的内心世界。因而《考验》一剧失去了夏衍剧作所独具的"戏剧潜流"和隽永、深邃的生活诗意。② 但夏衍毕竟是一位在戏剧创作上勇于探索、大胆革新的剧作家。当年,剧作家有足够的勇气发表《考验》,只是想借此来表示心中一个执拗的信念:文艺应该为人民服务,应该适应当前人民生活中的重大事件。作者还认为:"只要在这个问题上能够起一点点——即使是十分微弱的积极作用,那么,尽管不能'达到高度的艺术',尽管可能被嘲骂为'政治语言'和'公式概念',也就'非所计'了。"③ 另据夏衍的秘书,文学评论家李子云研究,夏衍写《考验》是试图通过这个剧本表现"在大规模战争业已结束,应该将主要力量转移到经济建设的新情况下,抱住老经验不放的工农出身的老干部与年轻的技术干部之间的矛盾"。剧作家"显然站在具有科学知识的知识分子的一边,企图说服老干部放下架子重新学习,这个剧本有概念化的毛

---

① 潘旭澜主编:《新中国文学词典》,江苏文艺出版社,一九九三年三月版,第四〇八页。

② 焦尚志:《〈夏衍代表作〉前言》《夏衍代表作》,河南人民出版社,一九八六年版。

③ 夏衍:《考验》后记。

病,显然出于言鲠在喉不得不发。这个剧本也必然触怒了许多以'大老粗'为傲的老干部"。①

夏衍是颇为看重《考验》这个剧本的。一九八〇年九月,人民文学出版社增订再版《夏衍选集》时,除一九五九年版所收《秋瑾传》《上海屋檐下》《心防》《法西斯细菌》《复活》五个剧本外,又增收报告文学《包身工》,电影文学剧本《祝福》《林家铺子》《革命家庭》《烈火中永生》,话剧本则增收了《考验》。一九八四年十月,中国戏剧出版社出版了会林、绍武合编之三卷本《夏衍剧作集》,其第二卷也收入了《考验》一剧。这全是因了《考验》不仅是夏衍漫长的戏剧创作道路上一部里程碑式的作品,也是一部带着鲜明的时代烙印的作品。近年来,笔者从羞涩的囊中挤出一部分银子致力收藏夏衍的作品集,苍天不负有心人,我先后有幸收集到《考验》的先后两个单行本印本。虽说它们当年的印数不能说少,然而经历半个世纪的风风雨雨,存世几多又有谁知?作为夏衍剧作的爱好者,他的最后一部多幕剧《考验》能入藏寒庐,也是一种应倍加珍惜的缘分。

(原载《出版史料》二〇〇八年第三期)

---

① 李子云:《〈夏衍七十年文选〉后记》,《夏衍七十年文选》,上海文艺出版社,一九九六年版。

《色彩》两题

之一：源自"秋林"的《色彩》

闻一多的收入《红烛》之《孤雁篇》的《色彩》一诗，在现代诗史上算不上很有名，较之《忆菊》《秋色》的口碑，《色彩》显然要稍逊一筹。然而《色彩》却常常能进入许多诗选家、诗评家的视野，被选入现代诗的选本。譬如诗评家叶橹，在他编选的《现代哲理诗》（"花城袖珍诗丛"之一，花城出版社，一九八八年一月初版）一书中就选收了这首仅十二行的小诗。

闻一多写《色彩》这首小诗正处于他在美国芝加哥美术学院学习西方绘画这一时期。

闻一多留美期间，他除了修习美术，还系统地研究过英美诗史以及他所心仪的英美诗人的作品。美国新诗的现代技艺，即是当时这位画家诗人借鉴的重要对象之一。譬如他对美国意象派诗人佛来琪的诗艺，尤其是设色的技艺可谓由衷的崇拜。一九二二年十二月一日，闻一多在写给梁实秋的信中，谈到自己在书店里买到佛来琪诗集的情景，略云——

实秋：

快乐烧焦了我的心脏，我的血烧沸了，要涨破了我周身的血管！我跳着，我叫着。跳不完，叫不完的快乐，我还要写给你。啊！快乐！快乐！我读了 John Gould Fletcher 的一首诗，名曰：在蛮夷的中国诗人 Chiness Poet among Barbarians——

……Mr. Fletcher 是 Imagisl Scnool 中一个健将。他是设色的神手。他的诗充满浓丽的东方色彩。他的第二本诗集名曰：Ganlinsand Pagodas，我崇拜他极了。我在支加哥找他的全集找了几个月，今天才在一家书铺的旧书架上找出一本《生命之树》，但是上录的一诗是从一本《美国新诗杂抄》（一九二二年）里看见的。佛来琪唤醒了我的色彩的感觉。我现在正作一首长诗，名《秋林》——一篇色彩的研究，中有一节云：

> 啊！生命是一张单薄的
> 不值钱的本色纸；
> 自从绿给了我发展，
> 红给了我情热，
> 黄教我以忠义，
> 蓝教我以高洁，
> 粉红赐了我希望，
> 灰白赠了我悲哀，
> 金加我以荣华之冕，
> 银罩我以美幻之梦，
> 哦，从此以后——
> 我便溺爱于我的生命，
> 因为我爱他的色彩！

一多草启
十二月一日

闻一多是位画家诗人，对色彩有敏锐的感觉和深切的爱好。他更希望生活也能像秋树秋林那样斑斓多彩。但不知何种原因，闻一多拟作的长诗《秋林》竟未能完篇。毕竟，他难以割舍对秋林的斑斓色彩的痴迷。于是他将《秋林》草稿中的这节诗作了部分修改，以《色彩》作标题发表了。经删改后的诗，特录于后：

> 生命是张没价值的白纸，
> 自从绿给了我发展，
> 红给了我情热，
> 黄教我以忠义，
> 蓝教我以高洁，
> 粉红赐我以希望，
> 灰白赠我以悲哀；
> 再完成这帧彩图
> 黑还要加我以死。
>
> 从此以后，
> 我便溺爱于我的生命，
> 因为我爱他的色彩。

这一时段，闻一多还写下了《忆菊》《秋色》等几首尽力尽设色之能事，"使读者目光都为之眩耀"（苏雪林语）的诗。闻一多深谙"色彩就是思想"（俄画家列宾语），"色彩的感觉是美感的最普及的形式"（马克思语）。正因为闻一多如此重视色彩，佛米琪又唤醒了他对色彩的感觉，诗人的生花妙笔就"犹如神奇的调色板"。他的《忆菊》《秋色》《色彩》等诗篇也就成了用文字作成的彩图，诗人自己也成为"设色的神手"了。在《秋色》一诗里，闻一多说"要请天孙织件锦袍""要借义山济慈底诗"，"喝"秋的色彩，"唱"秋的色彩，"嗅"秋的色彩，而且要过斑斓的秋树一般的色彩的生活。四川大学教授王锦厚先生在他的《五四新文学与外国文学》（四川大学出版社，一九八九年十月初版）一书的第六章里曾评述闻一多的这些诗篇是"成功的借鉴意象派诗人技艺的成果"。书中指出，闻一多的成功告诉人们只要善于借鉴，从任何艺术派别中都可以获得有益的营养。尤其在脱胎于《秋林》的《色彩》一诗中，诗人说因为爱色彩才更加珍爱自己的生命。"生命"是一个极其抽象的词。闻一多的独特处，就在于把"生命"这张"本色纸"加以色彩化，并将"生命"这张"白纸"进一步具象化、过程化，把非常抽象的生命意识用文字绘成一帧彩图，且表达得那么具体可感。在诗中闻一多坦诚地告诉世人，"生命"中只有拥有了绿、红、黄、蓝、粉红、灰白、黑等各种颜色，才叫"生命"，漫长的人生之旅才有意义。而且只有坦诚面对"黑还要加我以死"，而后才能"完成这帧彩图"。有悲哀，人才会勇敢地战胜灾难；有死，人才会更加珍爱生命，才会执着地追求"发展""情热""忠义""高洁"和"希望"。虽然说诗人立志要写的一篇进行色彩的研究的长诗《秋林》最终没能写成，但这首源自《秋林》初稿的《色彩》却准确地阐释了人生的大哲理。在教育下一代的成长上，其意义，我想是不可低估的。缘于此，闻一多的《色彩》不仅为许多选家、选本所看重，近年甚至还选进了中学语文教材。

之二："红给了我"的是"情热"而非"热情"

闻一多的《色彩》一诗，二〇〇一年选入由人民教育出版社中学语文室编著的"九年义务教育三年制初级中学教科书"《语文》第三册的第十七课《现代诗三首》，三首诗依次为冰心的《纸船——寄母亲》、冯至的《我是一条小河》、闻一多的《色彩》。

"红给了我情热"一句，居然被妄改成"红给了我热情"。课本第九十七页的脚注注明《色彩》"选自《闻一多诗全编》（浙江文艺出版社，一九九五年版）"。按图索骥，笔者查对了"现代经典作家诗文全编书系"之一由蓝棣之编、浙江文艺出版社一九九五年十二月初版的《闻一多诗全编》

一书,收入的《色彩》一诗,第三行却并非"红给了我热情",分明是"红给了我情热"。

为此,笔者又顺便翻拣了寒斋所藏如下诸种闻一多的诗集、选集和全集:

一、《红烛》(上海泰东图书局,一九二三年九月初版)

二、《闻一多选集》(茅盾主编,《新文学选集》第一辑之一,开明书店,一九五一年七月初版)

三、《闻一多诗集》(周良沛编,四川人民出版社,一九八四年七月初版)

四、《闻一多选集》第一卷(四川文艺出版社,一九八七年六月初版)

五、《闻一多全集》第一卷(湖北人民出版社,一九九三年十二月初版)

如上一些闻一多诗集、选集、全集中的《色彩》,第三行均为"红给了我情热"。据此可判定,是人教社中语室的编著者妄改了闻一多的诗,将"红给了我情热"变成了"红给了我热情"。其实,"热情"是极其单薄、贫弱的一个词,虽不能说是"滥调",但起码也是消失了血色的"陈词"一个。闻一多写诗,始终恪守"吟安一个字,撚断数茎须""吟成五个字,用破一生心""语不惊人死不休"的古训,讲究字句的锻炼。尤其是他歌颂生命、歌颂爱、歌颂死的时候,是不会用这等"陈词"的。而"情热"一词所蕴含的意义真是太丰富了,它包蕴着生命的体温、爱情的烈火。因为,红色,是太阳的颜色,是烈火的颜色,是心脏和血液的颜色,它象征着生命的热烈、温暖、执着,它让人充分享受着生命和爱情的光焰的灼照。欲表达这样的意蕴,我想只有"情热"一词方能胜任。人教社编著者如今这样一改,岂不是等同于化神奇为腐朽了吗?

也许是偶然巧合,我在翻检一九五一年七月开明书店版《闻一多选集》时也顺便读了李广田一九五〇年十月二十二日写于北京的《〈闻一多选集〉序》。李广田在序中分别节录了闻一多的《秋色》和《色彩》，在节录《色彩》的几行诗中，"红给了我情热"也居然变成了"红给了我热情"。我想李广田不是那种替人乱改诗的人，恐是抄录中一时粗疏所致。然而这一错竟错了整三十年，李广田的《〈闻一多选集〉序》后来作为很重要的闻一多研究资料分别被收入《闻一多纪念文集》（生活·读书·新知三联书店，一九八〇年初版）和《闻一多研究资料》（许毓峰、徐文斗等编，北岳文艺出版社，一九八六年初版）二书，那句被李广田抄错的诗，依然是"红给了我热情"。

"红给了我情热"这句诗，被人抄错的另有两例，也有必要在这里一并指出。

其一，四川文艺出版社一九八七年六月出版的《闻一多选集》第二卷"书信"部分收入了闻一多一九二二年十二月一日写给梁实秋的信，信中那句本应是"红给了我情热"，也错成了"红给了我热情"。这个错，其责任理应由那位责任编辑来负。因为《闻一多全集》第十二卷收录的闻一多写给梁实秋的信中，明明白白的就是"红给了我情热"。

其二，北岳文艺版《闻一多研究资料》一书中收入了苏雪林的《论闻一多的诗》，文章中也引录了闻一多的《色彩》，那句"红给了我情热"，居然也错成"红给了我热情"。苏雪林此文原刊于一九三四年一月一日《现代》第四卷第三期。我找出《现代》第四卷合订本来翻检第三期，经核对，原刊本中也明明白白的就是"红给了我情热"。

关于"红给了我情热"这句诗，李广田《〈闻一多选集〉序》中出现的错，川文版《闻一多选集》第二卷那封信中出现的错，北岳版《闻一多研究资料》中所收苏雪林文中出现的错，均属情有可原。因为这些书，如今恐怕只有从事新文学研究的学者才去翻览，其错误明眼人一看便知。而中学语文教材中的错，则是不能原宥的。教员一旦用这等有明显错谬的诗句教给学生，则会以讹传讹，害人不浅。

编著小学、中学语文教材，尤其是在中学语文课本中编进一些新文学作家的作品以教育我们的后代,不是一件轻松的事。这份工作只能由真正懂得新文学又有坐冷板凳钻故纸堆的耐心的专家去担当,去完成。面对"五四"新文学先驱、先贤们的劳动业绩,作为后继者,我们最好还是应该恭敬一些,诚恳一些,认真一些。

(原载《绿土》二〇〇五年八月,总七十二期)

方玮德的身后之诗文集与生前之『私印品』

方玮德（一九〇八——一九三五），新月派的一位颇有影响的而又早殇的诗人。他来到世上仅仅二十七年光景，却以他的"孩子气、孩子心"，"一片天真"的"孩子的口吻"，唱出好些美丽的诗歌。正如他的九姑方令孺所说，他正当"春花一般的盛年""还应当好好地活在这个世界上"，却忽然像"流星一般陨落"了。也如他的表兄宗白华说的，他的死于痼疾的苦痛和不幸"替人间留下了一朵美丽的昙花一现"。

对于玮德的早逝，一切爱玮德的人们，还有后世的现代文学研究家们，除了"有这种昙花一现的惨痛的感觉"，总指望他生前出了好些诗集。一些颇有影响的现代文学辞典也愿在有关"方玮德"的辞目中将他的诗集多列举几种。这里不妨略举数例：（一）《中国文学家辞典》编委会编，四川文艺出版社一九八五年八月版《中国文学家辞典》（现代第四分册）在"方玮德"名下列有"《玮德诗集》（第一出版社），《秋夜荡歌》《丁香花诗集》及陈梦家编的《玮德诗文集》（上海时代书局，一九三六年）等几种"。（二）徐瑞岳、徐荣街主编，中国矿业大学出版社一九八八年十二月版《中国现代文学辞典》在"方玮德"名下则列有"《丁香花诗集》《玮德

《玮德诗文集》书影

诗集》《秋夜荡歌》《玮德诗文集》等"。(三)据现代文学研究学者龚明德说,中国现代文学馆编,新世界出版社一九二二年版的《中国现代作家大辞典》中的"方玮德"条目也依然沿袭陈说。愿望总归只能是愿望。一旦写进供现代文学研究之用的辞典性工具书是容不得有史实差错的。其实,如上所举辞典中列出的方玮德的诗集,只有《玮德诗文集》一种是正式出版了的,而且是在方玮德身后由他最好的朋友,新月派诗人陈梦家编集,并由邵洵美的上海时代图书公司于一九三六年三月初版,属邵洵美主编且装帧设计的"新诗库"丛书第一集第一种(此套"新诗库"后几种尚有陈梦家的《梦家存诗》、金克木的《蝙蝠集》、朱湘的《永言集》、罗念生的《龙涎》、徐迟的《二十岁人》等),而其余诸种在方玮德生前均未出版或正式印行。川文版辞典"上海时代书局"云云,当为"上海时代图书公司"之误,至于"第一出版社"出版的《玮德诗集》,我琢磨,它应该就是陈梦家编的《玮德诗文集》中的"诗卷一"。据倪墨炎先生的考证,"第一出版社和上海时代图书公司原是一家人"。因为"第一出版社"也是有着"文坛孟尝君"称号的邵洵美办的,邵洵美除办过金屋书店、时代图书公司,还办过上海第一出版社。[①] 据此可以判定,既然已经出版了《玮德诗文集》,也就不会再另出一本《玮德诗集》。尽管邵洵美自己是诗人,他又是那么爱诗,何况出版诗集历来是要赔钱的,因为邵洵美创设时代图书公司时,家道已经中落,但他的豪气却不曾消歇。邵洵美曾经准备刊行八种丛书,但多数是失败了,其中只有诗歌丛书(即前述"新诗库丛书")出版了六种,但结果还是中辍了。再说,这位"毁家兴书"的诗人"天性本不善锱铢,经营又不

---

① 倪墨炎:《邵洵美的事业也有其辉煌的时期(下)》,《博览群书》一九九九年第十期。

够精明,五六年中竟亏蚀了一二百万元"。① 更何况陈梦家编的《玮德诗文集》又是那么斐然可观。

如果说《玮德诗集》是在玮德生前由上海第一出版社出版的那就更与史实不符了,虽说邵洵美的时代图书公司是一九三一年开办的。方玮德故世之后,九姑方令孺、表兄宗白华,还有闻一多、孙毓棠等一些友人都写有悼文或纪念文章。从他们的文章里都找不到方玮德生前正式出版过诗集的记载。宗白华在《昙花一现》中曾这样评介方玮德的那些"不害人不误国"的诗:"提起他的白话诗,真是新文学里的粒粒珍珠。情致的热烈而潇洒,文字的流利飘逸,节奏韵律完全来自他一片天真的心,反对白话诗的人,如果真肯虚心读它,恐怕也可以改变他们的顽固成见(可惜还没有有识的书店,肯将他自订的诗集本出版,然而他的诗之可以长存是无疑的)。"方玮德逝世于一九三五年五月九日,宗白华的《昙花一现》刊于一九三五年六月一日由南京中国文艺社出版的《文艺月刊》第七卷第六期《方玮德特辑》,有兴致者当可在安徽教育出版社一九九四年十二月版《宗白华全集》第二卷中读到这篇文章。

陈梦家在方玮德故世后近一百天即一九三五年八月立秋日为《玮德诗文集》写跋时也说:"今年三四月,玮德还在病中,由他从弟那里取来他的上一卷诗。这一卷共二十四首,起自十八年,还是二十年冬天在南京所自选定的。其后我去青岛,二十一年秋天在北平钱粮胡同北花园相聚,他行箧中犹藏着它;冬日围炉夜谈,有时也还取来共读。他有意给他印出来,叫我写了一篇短序。去年他由厦门来信说那篇序失了,要我补写;不久他便北来,此事便又搁置不理了。"② 以

---

① (马来西亚)温梓川:《文人的另一面》,第二七一—二七二,广西师范大学出版社,二〇〇四年一月版。

② 方玮德:《玮德诗文集》,上海时代图书公司,一九三六年三月版,第一七五页。

上亲友们的记叙都是相互吻合的。陈梦家跋语中提到的"上一卷诗"即宗白华所说的玮德"自订的诗集",也即民国十八年至二十年所作新诗。所谓《玮德诗集》云云,或许正是玮德编定时所取集名。其时方玮德就读于南京中央大学外文系,陈梦家与他同学,九姑方令孺,表兄宗白华也都在南京,因此他们的记叙当为确凿的信史。这也就证明了一些较权威的现代文学辞典记载方玮德诗集出版情况的不可信。倒是贾植芳、俞元桂总主编,福建教育出版社一九九三年版《中国现代文学总书目》在"方玮德"名下只著录了《玮德诗文集》,这是符合新文学史实和出版史实的。更因为此一巨卷书目中的《诗歌卷》乃是由被人们誉为"新诗司库"的刘福春先生主编的,他的研究是建立在实物、实证基础之上的。近期,又有幸获读龚明德先生的《方玮德史实补订二则》(刊二〇〇一年七月二十八日《书友》第三十二期),龚先生的新文学研究素以主张落到实处地研究或考证求索为特色。此文自"北平晨报承印部"出版的《玮德纪念专刊》爬梳出若干史料,其第二则《方玮德生前出版的诗集》正好为解开方玮德生前有没有正规出版过诗集这一谜团提供了又一个有力的佐证。为不致转述走样,特节录如后——

孙毓棠在《玮德的诗》一文中写道:"玮德死后仅仅给我们留下了二三十首短的抒情诗……这些诗篇几年来分散在各杂志上发表。单独刊印的只有一九三二年所印《丁香花的歌》,书仅五页。包括诗两首,最足以代表玮德的作风。"果然,在陈梦家编的《玮德著作年表》中《二十一年以后》栏下《丁香花的歌》《告诉 Dimjtn》之后载有"右二首合订一小册,题名《丁香花的歌》,二十一年十一月在北平印二百册。"《丁香花的歌》四十二行,《告诉 Dimjtn》二十四行,在三十二开的纸上排字,连同题目最多占用八面,封底全空,封面上排书名,名副其实的"一小册"。无论当时还是现在,这个"仅五页"也就是十面的私印品,算不上"诗集"的。

现在，我们大体上可以坐实：（一）前文所述数种现代文学辞典所谓的《丁香花诗集》其实是一九三二年在北平印二百册仅有两首诗纯属赠送朋友的算不上诗集的私印品《丁香花的歌》。（二）宗白华叙及的玮德"自订的诗集"，陈梦家提到的玮德"在南京所自选定"的二十四首诗，在方玮德生前并未以《玮德诗集》为书名出版，玮德身后才由陈梦家编入《玮德诗文集》，即此诗文集中的"诗卷一"。（三）所谓《秋夜荡歌》诗集云云，从现有史料来看，未见玮德以此诗名集的记载。

方玮德生前为什么要把《丁香花的歌》做成私印品？据谢冰莹在《方玮德》一文中回忆，方玮德本应在民国二十年毕业于南京中央大学的，"因为追求黎宪初小姐的缘故，他跑去北平清华园里住了一年，写了一部丁香花诗集"，所以才推迟到民国二十一年毕业。又"因为黎小姐对他的态度太冷淡，使他实在受不了，才跑到这山青水秀的厦门来教书"。① 这里，除《丁香花的歌》被谢氏误记为"丁香花诗集"外，谢氏的回忆当是可信的。因为谢氏当年曾与方玮德同在厦门教书，时相过从。又因方玮德是一位具有童话色彩的天真幻想的诗人。对此，姜德明先生在《诗人方玮德》一文里也有一段动人的描述："临终以前，他仍然沉醉在童话中，嘱咐人们用红绸铺盖在他身上，让人停柩法源寺，因为那院里有醉人的丁香花，而他又特别喜爱自己写的一首《丁香花的歌》，生前还专门印来送给朋友。"当然方玮德也送了恋人黎宪初一册。《丁香花的歌》是感人的。更感人的是，方玮德病得很厉害的时候，黎小姐"尽心服侍，数月不懈，鞠躬憔悴，人所不堪，真正表示了伟大的牺牲的精神的爱"。宗白华还曾这样称扬黎小姐："她是玮德短短的生命中唯一的幸福与最后的安慰。她给予玮德这灰色苦痛的人生披上了一幅温柔的金色轻绡，使玮德能对生命谅解。"（《昙花一

---

① 谢冰莹：《二十世纪中国作家怀人散文·谢冰莹集》，知识出版社，一九九七年五月版。

现》）一九三五年五月九日，玮德逝世，十日入殓，十一日下午二时，黎宪初曾随孙大雨、孙毓棠、闻一多、陈梦家、六姑等友人和亲人二十余人送丧法源寺，留下了"风雨如晦，状至凄惨"的一幕。所幸的是，方玮德留给世人的薄薄一册分量却不轻的《玮德诗文集》依然生命之树常绿，二十世纪末又由现代文学史料家陈子善先生辑入"中国现代文学史参考资料"的《新月派文学专辑》，爱者应当不难找。只是那令人心心念念的二百册《丁香花的歌》也即玮德生前之"私印品"，不知如今存世的还有几册？

（原载《绿土》二〇〇四年十一月，总第六十八期）

赵清阁、老舍联袂创作《桃李春风》

在抗战时期的重庆，赵清阁的名字常常与老舍联系在一起，这主要是因为，一九四三年，赵清阁曾两次应老舍之约合写多幕话剧。

一九四三年春，赵清阁与老舍、萧亦五（一位抗日伤残军人，经老舍介绍，当时在重庆国立编译馆供职）合写四幕话剧《虎啸》（又名《王老虎》），曾刊于由熊佛西主编，文学创作社发行，三户图书社总经售抗战时期颇有影响的全国性文艺月刊《文学创作》一九四三年四月一日出刊的第一卷第六期，这一期为"戏剧专号"。这是他们的第一次合作。就在本年的六七月间，赵清阁又与老舍联袂创作四幕话剧《桃李春风》。最初刊于一九四三年十月二十日出刊的《文艺先锋》第三卷第四期"周年纪念特大号"，署名顺序为老舍、赵清阁，十二月由成都中西书局收入中华全国文艺界抗敌协会成都分会主编的"文艺创作丛书"印行了单行本。十一月，赵清阁为《桃李春风》写了不足千字的精粹的"序"。

《桃李春风》写了一位热诚耿直、刚正不阿、富于正义感的中学老教师辛永年呕心沥血致力于办学兴国，教育莘莘学子的事迹。辛老师对学生教以文章之道，遇家贫者倾囊相助。战事将起，他深明大义，主动劝儿从军报国。面对日军的步步进逼，他不贪恋校长职位，率领师生摆脱敌占区，倾心竭力于平民教育，唤醒民众。虽说只落得白发苍苍，两袖清风，但在困难的处境中，他得到了学生们的慷慨帮助，桃李满天下告慰了他悲伤的心灵。赵清阁在"序"中坦言，创作此剧"旨在表扬教育者的气节风尚与牺牲的精神，并提倡尊师重道，多给教育者一点安慰与鼓励"！

老舍的话剧创作，是在重庆开始的。而早在一九三六年，赵清阁就开始了话剧的创作，并在一九三八年出版了独幕剧集，赵清阁、老舍，还有宋之的他们都是有良知，国家观念特强烈，愿意负起匹夫之责的文人。在抗战八年中，他们在大后方曾经尽了最大的努力去创作话剧，借此唤醒大众的民族意识。因为他们坚信戏剧所收到的宣传效果远远胜于其他的艺术表现形式。在武汉时，老舍就已出任中华全国文艺界抗敌协会的领导工作。抗战期间在重庆，他除了负责"协会"和担任《抗战文艺》等刊物的编务外，主要是从事话剧创作，写《国家至上》时，他与宋之的合作，写《桃李春风》，他就找到了同在重庆北碚的赵清阁。在老舍的眼中，宋之的、赵清阁都是富有写剧经验的人。在《桃李春风》的"序"里面，赵清阁具体谈到了她与老舍合写这一四幕话剧的经过，起始时，赵清阁不无顾虑，因为"合作剧本是一件难事，弄得不好，很容易使故事情节不统一，人物性格相矛盾。所以当初老舍约我同他合作剧本的时候，我不大赞成；因为他的意思，是希望发挥两个人的长处！他善于写对话，我比较懂得点'戏'的表现，俾成功一个完整的剧本，而我却相反地担心这样会失败"。后来，剧本终于还是"合作"了。合作的经过是这样的：故事由赵清阁、老舍二人共同构思商定后，老舍把故事梗概写出来，赵清阁从事分幕。好像盖房子，赵清阁把架子搭好以后，老舍执笔第一、二幕。那时候，赵清阁正为了割治盲肠在北碚住医院。六月间，老舍带着第一、二幕的原稿去医院看望赵清阁的病情，于是赵清阁便在病床上接着草写第三、四幕。赵清阁在"序"中说：

"但，我不过'草'写而已，文字还是他偏劳整理起来的。最后，我在全剧对话上加写动作，这样算是全功告成，然而，在写的方面，还是老舍尽的力量多。所以，'成'，则应当归功于他，'败'，则应当我负责任。"虽说《桃李春风》是一个比较严肃沉闷的正剧，没有什么噱头和热闹的场面，但缘于两位作家的配合默契，各擅其长，老舍善于写对话，赵清阁精于戏剧表现，彼此取长补短，剧本合作得很成功。再加上本剧经"中电剧团"在重庆首场上演后，"许多朋友贡献了许多珍贵的意见"，赵清阁又对剧本进行力求"尽善尽美"的修改润色，仍由"中电剧团"上演。此剧由吴永刚导演，魏鹤龄、白璐主演，共上演月余，几乎场场爆满，诚如赵清阁所言："如果你完全用娱乐的眼光去看她的话，那就一定会让你失望。不过导演也可以把严肃变得轻松……吴永刚先生的处理，就一点不叫人觉得沉闷。况且老舍的对话很幽默，如第一、二幕情节虽然显平静，对话却调和了空气，演出时博得不少喝彩声。"其时，《桃李春风》不仅博得剧场观众的喝彩声，也赢得了一些文学史家、评论家的纷纷褒奖。田禽曾在《中国戏剧运动·女剧作家论》中谈及《桃李春风》"系为了纪念教师节而作"。此剧上演时，"剧本荣获奖状，赵与演出团体荣获奖金。关于演出团体获奖事，向无前例，中电剧团由于上演《桃李春风》而为戏剧界创了一个新的记录，这点是值得我们珍视的"。赵景深在《文坛忆旧》（上海北新书局，一九四八年初版）一书的上卷《四位女作家》一文中也谈到了赵清阁，"她与老舍合作的《桃李春风》最为有名，此剧含有教育意义，不仅此剧得奖，连演这戏的剧团也得过奖"。《桃李春风》之所以"有教育意义"，正是因了"本剧能够使你发现两样珍贵的东西：一、是人类最崇高的感情——天伦的，师生的；二、是良心——教育的。谁不爱父母？谁不尊师长？我相信谁都会经过这两种感情的怀抱，我更敢说谁都会对这两种感情觉得亲切"！（参见赵清阁《桃李春风》序）也许正是这一点，经民国政府教育部的评选，《桃李春风》被评为一九四三年度优良剧本之一。

《桃李春风》一剧，由于剧本创作及演出的成功，一九四六年五月曾改名《金声玉振》再刊于赵清阁参与编委的《文潮》第一卷第一、二期。一九九〇年重庆出版社初版的《中国抗日战争时期大后方文学书系》第十五卷（戏剧卷）就选收了赵清阁、老舍合作的这个剧本，不过剧名又由《金声玉振》改为《桃李春风》。

记得刘以鬯先生曾说过这样的话："作为一个剧作家，赵清阁是偏见的受害者……她与老舍合作的《桃李春风》，虽然得过奖，人们却将功劳记在老舍头上。"（参见《明报月刊》一九七五年八月号《记赵清阁》一文）比如，河南大学版《河南新文学大系（1917—1990）史料卷》、福建教育版《中国现代文学总书目》均未将《桃李春风》记录于赵清阁名下。但此剧带给赵清阁、老舍各自的记忆又总是美丽而温馨的。此剧创作发表十八年后的一九六一年五月九日，是赵清阁的四十七周岁生日，老舍曾题赠一联，联曰："清流笛韵微添醉，翠阁花香勤著书"。上款为"清阁长寿"，下款为"舍予恭祝"。联语中嵌有女作家的名字，设喻巧妙，自然妥帖，女作家人品、作品的风致以及矢志不渝的精神都含而不露地寄寓其间。晚年的赵清阁把一生珍藏的字画包括刘海粟早年为她所作的扇面画《清阁读书图》、傅抱石为她所作的《清阁著书图》《红叶载酒图》等，几乎全部捐赠给了国家，唯一留下的就是老舍这副题赠联。赵清阁把它悬挂在她的书斋"澹泊楼"书案前方的墙上，以便朝暮相对。除了一些藏书，这副联语就是陪伴毕生"与书为伍，以笔为伴"的赵清阁另一伴侣了。"怀故旧，思悠悠"的暮年的赵清阁，不仅忘情不了老舍，同时也忘情不了《桃李春风》。一九八九年十月，七十五岁的赵清阁在陕西华岳文艺出版社出版了她的散文集《浮生若梦》，她依然在书中收入了《〈桃李春风〉序》，并将本年初夏所作的一首小诗题于卷首作为代序，诗曰："砚贮相思泪，笔志师友情，浮生若梦幻，处处风雨声。"

尽管《桃李春风》一剧很有名，但在不少人后来的相关回忆和叙写中，老是出现"张冠李戴"的现象。比如，谢冰心晚年所作散文《入世才人粲若花》①对老舍、赵清阁合作剧本就出现了误记："四十年代初在四川，老舍向我介绍了赵清阁，她写剧本，曾和老舍合写《万世师表》……"这里冰心结识赵清阁的时、地均无误，但老舍与赵清阁合写的是《桃李春风》，而不是《万世师表》。《万世师表》当为另一剧作家袁俊（张俊祥）所作的四幕剧（重庆新联出版公司，一九四四年十月初版；文化生活出版社，一九四五年一月（渝）初版，"袁俊戏剧集"第四种），可能因为两个剧本都是写教师的，才使冰心误记。而李勇军著《再见，老杂志：细节中的民国记录》（北京工业大学出版社，二〇一〇年三月版）一书中有一组文章谈的是《女子月刊》，其中有一节《编辑赵清阁》，其中有这样一句："在重庆，赵清阁的名字更是常与老舍联系在一起。他们合写了《虎啸》《桃李春风》以及《万世师表》。"看来，这位李勇军先生也不知道《万世师表》是袁俊的话剧作品，他只知道老舍喜欢与赵清阁"合作"，就干脆把《万世师表》放在了他们二人的名下。

（原载《绿土》二〇一五年二月，总第一百八十期）

---

① 冰心：《世纪的回音》，宁夏人民出版社，一九九五年版。

朱生豪和《芳草词撷》

朱生豪于一九二九年九月进入杭州之江大学，一九三三年六月毕业，在以英文为副科，主修中国文学的四年里，一代词宗夏承焘先生引领他驰骋于晋诗、唐诗、宋词等古典诗歌艺术的天地，打下了坚实的国学基础，一九三一年朱生豪加入之江大学文科学生的业余社团——之江诗社，他和他的老师、诗友们以之江诗社为园地，或放情山林，或行吟湖畔，或弦歌朝夕，互相切磋诗艺，酬唱应对，拈韵填词，交流感情，因而佳篇迭出，芬芳满园。一九三三年夏，为纪念之江诗社诗友们的相互唱和之乐，朱生豪将手头撷存的词作整理编定，装订成册，名之曰《芳草词撷》。据说，"芳草"二字取自苏东坡《蝶恋花》词"枝上柳棉吹又少，天涯何处无芳草"。这本小词集以"芳草"名之，似有不忘青春吟侣，愿友情永驻之意。可见这本小词集是朱生豪大学时代与诗友们的友谊、爱情及创作活动真实而珍贵的记录。

《芳草词撷》的词作者包括朱生豪、彭重熙、宋清如、朱希曼、夜子（生豪胞弟文振）、张荃、天然、任三等八位"之江诗社"的成员，共收词作五十六阕，其中希曼、张荃各八阕，天然、任三各三阕，夜子五阕，彭重熙十二阕，宋清如四阕，朱生豪最多，共十三阕。朱生豪这十三阕均署名"朱朱"，其间婉约、豪放并呈，有长调、慢调，亦有小令，有记游抒怀之作，亦有酬和抒情和感旧怀人之章。这里且录三阕：

虞美人

盈盈双泪河阳笛，无那娇魂湿。低徊又记画眉时，卷起一帘春梦雨如丝。而今零落筝琵怨，差说当年怨，萍踪到处便为家，自伴满江明月唱芦花。

唐多令　西溪贺彭郎

一棹冷溪船，潆洄水自闲，对芦花零落秋田，遥想孤舟寒月夜，有飞雪，扑琴弦。

沉恨上眉尖，神游忆曩年。今宵清梦到苇边。懒作寻春春日燕，化鸥鹭，漫相怜。

庆春泽　次韵诸君作

万里秋云，千山落日，丈夫无事萦心。莽莽长河，风高试与凭临。壮怀谁爱极荒雁，谁更听琐琐蛩音。潮深深，濯足沧流，逸兴难禁。拿云意气擎天志，笑蚁封兔窟，尘梦酣沉。我有豪情，岂愁绿鬓霜侵，欲挥长剑乘风去，等他年，化鹤重寻。尽而今，放眼高歌，唱彻平林。

朱生豪不仅是一位优秀诗人，且又是一位出色的诗评家。《芳草词撷》中的七位诗友均为他的挚友至交，对于自作，他谦称"为朱朱录十三章以当敝帚之供"而对诗友们的词作所作评论却极精粹，堪为深中肯綮之的评：

希曼，才情豪纵，不为柔曼之道。
彭郎，早作风流宛转，神似饮水，逐来风骨既备，清峻蕴藉，洵是词人本色。
天然，时带幽灵气，凝练奇丽。
任三，造句生新冷隽，逸才无两，然颇自珍重，不多作。
清如，才本敏宛，习作四章，颇见思致。

夜子，最工造意，小令特有味。

　　《芳草词撷》虽经朱生豪亲手厘定，精心誊抄，朱笔圈点，略加评论。然而却系未刊本。一九三四年春，朱生豪由沪去杭看望宋清如诸人，便将这本词集贻赠给毕业后留在之江大学附中工作的挚友彭重熙，彭重熙十分珍视这本词集，一直放在身边，然而后来这本《芳草词撷》，却有了一段极不平常的劫后幸存的经历，这有彭重熙后来为《芳草词撷》所作的跋语为证：

　　生豪于申戌自沪来杭，重会于秦望山头，握手叙旧，慨然以此卷贻我，弥见相知之深，亦从我所好也。所录调，颇见当年唱酬之乐。雨窗风夕，展诵之亲切有味，足以自遣。一九四八年，余入蜀时藏于吴门。"文革"中，旧籍尽失，此卷亦不测所在。一九七八年返里，于意外得之，其乐可知。去冬东归，访晤清如于嘉禾。五十年阔别，得此机缘，又一意外也。问询生豪遗墨，痛惜《古梦》《丁香》诸集均已毁于残暴，则此卷之得全，尤为珍贵。宁割爱还赠清如，以酬相知之深。他日藏之玉笈，传之子孙。则岂所好而已。（重熙甲子春）

　　一九八四年春，彭重熙将《芳草词撷》的手迹过录后，"割爱还赠清如"。其时，宋清如先生在嘉兴收到自四川内江寄来的原稿本，展诵遗篇，感慨万千。最近，《寄在信封里的灵魂——朱生豪书信集》由东方出版社出版。正直好心的出版家若是能将朱生豪亲手厘定的这本"日夕所爱诵"的"名篇秀什"再造人世，这于现代诗史研究，于朱生豪研究，也不是没有意义的吧！

一九九五年十二月二日

（原载《书城》一九九六年第二期）

《歌德研究》：宗白华主事的歌德百年祭纪念集

一八三二年三月二十二日，歌德在魏玛逝世，一九三二年三月二十二日是歌德百年忌日。一九三二年前后，我国现代报刊史上诸如《大公报·文学副刊》《晨报》《鞭策周利》《清华周刊》《新时代月刊》《国风》《读书杂志》《小说月报》《现代》等名刊大报或以纪念专号、或以纪念画报插页等形式纷纷发表文章、图片，纪念这位德国的伟大诗人。

一九三二年下半年，周辅成、宗白华从如上一些报刊上选录有代表性的纪念文章编成《歌德之认识》一书。是书初步拟定由巴金在上海向几家大书店接洽出版，虽然巴金很热心地张罗了一阵，但终于没有圆满的结果，最后由宗白华从巴金手中要回书稿，交付南京钟山书局这家"新兴的有希望的书店"，于一九三二年十二月初版发行。

《歌德之认识》书由周辅成作《编者前言》，宗白华作《附言》。宗白华从巴金那里要回书稿后，将全书文字重编，所选文章共分五辑：（一）歌德的人生观与宇宙观；（二）歌德的人格与个性；（三）歌德的文艺；（四）歌德与世界；（五）歌德纪念。宗白华在各辑中还加编了徐仲年的《歌德的浮士德》《歌德与法国》，老友田汉的《歌德诗中所表现的思想》，老友范存忠的《歌德与英国文学》，魏以新的《歌德的生平与著作》

《歌德研究》（原名《歌德之认识》）书影

以及自己专为《歌德之认识》一书而写的《歌德的少年维特之烦恼》，共得文章二十余篇。全书各文均由宗白华一人负责校勘五六次，使《歌德之认识》成为"一部较为完备、有系统的'歌德研究'"。

除《歌德的少年维特之烦恼》一文外，《歌德之认识》一书还收入了宗白华一九三三年三月专为歌德的百年祭而写的《歌德之人生启示》和他翻译的《歌德论》。前者是一篇近两万字的论文，分别于三月二十一日、二十八日和四月四日发表于天津《大公报·文学副刊》第二二〇—二二二期。后者发表于三月二十八日《大公报·文学副刊》第二二一期。宗白华在《译者前言》中称比学斯基（bielse-howsky）的《歌德传》"是德文歌德传记中最美丽最流行的一部"，《歌德论》是传记中第一篇，"描写分析歌德的个性尤为深刻"，故译出为"供国内爱慕歌德者参考"。此三篇著译，可说是宗白华研究歌德的最丰厚的收获。影响宗白华"人生至钜"的也唯有歌德。一九二〇年五月，二十三岁的宗白华赴德国留学，其选择的留学地点正是歌德的出生地法兰克福。他要在这里潜心探究歌德的宇宙观和人生观。人生是什么？人生的目的和意义在哪里？这些最首要最重大的问题在歌德的人生中都能获得启示。因为"歌德的人生，表现了西方文明自强不息的精神，又同时具有东方乐天知命，宁静致远的智慧"。（参见《宗白华全集》第四卷附录林同华《哲人永恒"散步"常新》一文）这三篇真实体现宗白华这位"有歌德和席勒风貌"的博学多才的诗人和美学家的理论风采的著译，后来都收进了《宗白华全集》（安徽教育出版社，一九九四年十二月初版），爱慕者当不难找。

《歌德之认识》一书还选录了周辅成的《歌德对于哲学的见解》，杨丙辰的《歌德何以伟大？》《歌德与德国文学》，陈铨的《歌德与中国小说》，唐君毅的《孔子与歌德》以及山岸光宣著、谢六逸译的《论歌德》等论文。其中唐君毅的《孔子与歌德》一文当年曾由宗白华推荐给南京钟山书局出版的《国风》半月刊发表。《国风》编委缪凤林曾在编后记中说:"今年三月二十二日是歌德的百年忌,我们在平津出版的报章杂志中读了不少有价值的纪念歌德的文字,尤其是宗白华先生的《歌德之人生启示》,令人感无穷兴味。现在我们纪念孔子,宗先生又以唐君此文惠登,我们读之非常欣佩。"(参见《宗白华全集》附录《宗白华生平及著作年表》)

一九三六年八月,《歌德之认识》一书作为"中国文艺社丛书"之一,改书名为《歌德研究》,由上海中华书局印行新的初版。书前除保留周辅成的《编者前言》、宗白华的《附言》外,扉页背面又增加了宗白华于一九三六年三月为这个"中国文艺社丛书"本写的一个简略的《附言》。此《附言》为《宗白华全集》所漏收,当为宗白华的一篇佚文,特录如下,供研究现代出版史的朋友参考:

在歌德百年纪念的时候,大家对这位不朽的文豪写了不少研究的论文,后来周辅成君和我又增加了一些新论文编辑成这本书,自问觉得对于国内青年欲研究和了解歌德者不无小小的帮助。本书当时由我出资印刷,托南京钟山书局发行。近为流布起见,特编入"中国文艺社丛书",改由中华书局发行。又因"中国文艺社丛书"拟出版世界各大文豪"研究"等书,所以将这本书也改为《歌德研究》,盼望它的兄妹行快快的出世。

寒斋所藏的《歌德研究》为一九四〇年九月中华书局的再版本,正三十二开,三百四十页。书前扉页后有歌德画像插页两帧,为《歌德七十九岁时画像》,为《歌德在意大利》。画像插页后面另插入冰心女士为歌德逝世九十周年纪念而作的《向往》一诗。挺素雅、端庄而厚重的一本书,即使放在今日的歌德研究的书林中也毫不逊色。而促成《歌德之认识》以及后来的《歌德研究》两书的出版,宗白华当记头功。查《宗白华全集》书后附录的林同华作《宗白华生平及著作年表》,仅记载了一九三六年十二月由南京钟山书局印行的《歌德之认识》,而改书名为《歌德研究》且由中华书局一九三六年和一九四〇年两次印行的出版史实,"年表"中却失载。

(原载二〇〇五年十一月二十八日《旧书信息报》终刊号)

沙汀、艾芜：『左联』双璧

在四川乡土作家群中，艾芜和沙汀两人同庚（都是一九〇四年生）、同乡（都是四川人，艾芜是新繁县人，沙汀是安县人）、同学（都曾在成都的四川省第一师范学校念书，而且还是同班）。说到两人的文学见解及文学道路，他们又同是一道受过鲁迅的教诲，携手走进文坛且齐名的左翼作家。人称"'左联'双璧""一九三一年前后'左联'文坛升起的双子星座"。

鲁迅先生的《二心集》里，收有一篇《关于小说题材的通信》。"来信"是两位初登文坛的青年作者，"T"即是艾芜（原名汤道讲）、"Y"即沙汀（原名杨朝熙。后改名杨子青），"来信"写作时间为一九三一年十一月二十九日。鲁迅先生回信的日期则是"十二月二十五日"。所以信的开头就说："接到来信后，未及回答，就染了流行性感冒，头重眼肿，连一个字也不能写，近几天总算好起来了，这才来写回信。同在上海，而竟拖延到一个月，这是非常抱歉的。"这开头寥寥几句话，读了就让人心里温暖，表现了鲁迅先生一以贯之的谦逊认真扶掖后学的宝贵人格。

艾芜和沙汀在写给鲁迅先生的信中说："我们决定在这一个时代里，把我们的精力放在有意义的文艺上，借此表示我们应有的助力和贡献，并不是先生所说的那一辈略有小名，便去而之他的文人。因此，目前如果先生愿给我们以指示，这指示便会影响到我们终身的。虽然也曾看见过好些普罗作家的创作，但总不愿把一些虚构的人物使其翻一个身就革命起来，却喜欢捉几个熟悉的模特儿，真真实实地刻画出来——这脾气是否妥当，确又没有十分的把握。所以三番五次地思维，只有冒昧地来唐突先生了。"鲁迅先生显然注意到了这两位走进文学园圃未久的年轻的耕耘者素有的朴实严谨的创作作风。所以鲁迅先生在回信中始终没有忘记对两位文学青年应尽的忠告或提醒，并一再强调："两位是可以各就自己现在能写的题材，动手来写的。不过选材要严，开掘要深，不可将一点琐屑的没有意思的事故，便填成一篇，以创作丰富自乐。""我的意思是：现在能写什么，就写什么，不必趋时，自然更不必硬造一个突变式的革命英雄，自称'革命文学'；但也不可苟安于这一点，没有改革，以致沉没了自己——也就是消灭了对于时代的助力和贡献。"鲁迅先生的教诲确实影响了艾芜、沙汀两人一生的文学创作生涯。至于说到两人后来的卓越贡献，那自然是后话。这里只专说艾芜。

虽然艾芜俊才早熟，但他决心走上文学之路，最早不能不说是受到了沙汀的鼓动和帮助。艾芜曾在《墨水瓶挂在颈子上写作的》一文中谈到自己浪迹十年之后来到上海见到沙汀的情景：

> 回到上海，在北四川路上偶然回头碰见了我的研究文学的朋友，师范学校时代的同班同学，沙汀，他见了我那么些经历，并估量我适合于治理文学，就把我拉到他家住着，朝夕共同研究，此后，才决心走文艺这条道路了。

然而后来因屡次投稿碰壁也曾有过动摇。直到后来与沙汀同时得到鲁迅先生的教诲，直到一九三二年十二月，"左联"机关刊物《文学月报》第一卷五、六号合刊发表了艾芜的小说《人生哲学的一课》，沙汀陪伴他"朝夕共同研究"才得以开花结实。后又经周扬的介绍，北新书局赵景深编的《青年界》发表了他的短篇《山峡中》、中华书局钱歌川编的《新中华》也发表了他的短篇《松岭上》，艾芜才"始行坚定"永远不离不弃文学之路，把一生之精力全部灌注于文学事业。

虽说艾芜和沙汀两人的文学见解、创作风格像舒乙《文坛双璧——沙订与艾芜》一文中所说"都以揭示旧制度的黑暗和不公，展示人民灵魂的朴实和高尚"为宗旨，然而，毕竟他们如郭志刚《中国现代文学漫话》一书中《沙汀与艾芜》一文中所讲"并不像同一棵树上的两颗果子那么酷似"，而是各有各的风貌。沙汀严肃，艾芜浪漫。

他们两人都是短篇小说的圣手，这一点是毫无疑问的。有趣的是，他们两人后来都写过一篇以《爱》为题的短篇小说，且又都出过一本书名为《爱》的短篇小说集。沙汀的小说集《爱》，收《爱》《孕》《莹儿》三篇小说，上海天马书店一九三五年出版，为尹庚主编之"天马丛书"第十八种；艾芜的小说集《爱》，除全部收入《黄昏》一集中的十二篇小说外，另收进了在青岛、上海等地写的八篇速写，共计二十篇，桂林大地图书公司一九四三年五月出版，属"大地文丛"之一种。

（原载《艾芜纪念文集》，天地出版社，二〇一四年六月版）

《南国之夜》与胡风等人的评论

一九三四年、一九三五年冬春之交这一时段,胡风一直在翘首以待上海文化生活出版社早已预告过的"文学丛刊"第一集中收入的几种"左联"新秀的作品集的问世,其中就有艾芜的《南行记》。虽说《南行记》迟迟未见出书,但他却等来了先期由上海良友图书公司出版于一九三五年三月的艾芜的《南国之夜》。

《南国之夜》属赵家璧主编的"良友文库"第三种,计收《南国之夜》《咆哮的许家屯》《左手行礼的兵士》《伙伴》《强与弱》《欧洲的风》小说六篇。《南国之夜》的背景是英国统治下的缅甸;《咆哮的许家屯》的背景则是日本侵略者统治下的满洲;《欧洲的风》的背景是中缅边界。这些小说反映的是劳苦大众自发的反对帝国主义的斗争。作者是想通过这些故事让我们看到那里的民众是怎样直接地与帝国主义肉搏的图画。其中《咆哮的许家屯》是艾芜在苏州伪高等法院的第三监狱牢房里借助炕床作书桌写成并请看守偷偷寄出,后来发表于一九三三年七月一日出版的《文学》创刊号。而其余三篇虽然写的不是上面三篇那样的激烈的生活,如同胡风说的"但作者却成功地完成了他的主题,给了读者一种情绪浓郁的隽永的感动"。

胡风何以如此期待着《南行记》的出版？因为他早在一九三三年年底就读过《文学月报》第一卷五、六号合刊上发表的《人生哲学的一课》。胡风说艾芜这篇小说体现的"那样一种平易的然而是新鲜的设定主题的态度以至作风"给了他一个"难忘的印象"。作为诗人的胡风，二十世纪三十年代之后，他虽然一度淡出了诗坛，但他却一直在文艺批评的新垦地上辛勤地耕耘着。他说他从事文艺批评是在"用手制的石斧劈荆治林"。胡风在文艺批评上一以贯之的一个鲜明特点，就是对于文学创作园圃里默默无闻的"生的气息"予以热切的关注。他在文艺批评上的主要贡献，是及时地将一拨又一拨的新人推上"左翼"文坛，为新文学疆域的开拓及其发展壮大举荐人才。《南行记》虽说尚未出版，但《南国之夜》却已一卷在握，胡风怀着喜悦通读了艾芜这本小说集，立即于五月十二日写下了近万字的以《南国之夜》为题的书评，并发表于六月一日生活书店出版的《文学》第四卷第六号的"书评栏"。胡风从作品的题材选择、人物的刻画、语言风格以及作家创作作风诸方面给予了全面评述。胡风在文章开始部分就无限喜悦地欢呼"荒凉的文艺园地里面结成了一些新果"这一新人辈出的景象。胡风说："近几年来，多彩多变的社会生活使他们在人生里面发现了接近了新的领域，多彩多变的社会生活也使他们获得了体验人生的新的感觉和观察人生的新的视角……在这样的作家里面，《南国之夜》的作者就是一个。"不仅仅是艾芜，艾青、张天翼、田间、萧红、端木蕻良、罗淑等一些"生人"，他们当时都得到了胡风的极力举荐，后来他们也都成了左翼文坛的骁将。但在当时，他们都还是崭露头角的新人。

《南国之夜》出版之后，关于《南国之夜》的评论，还有一段小插曲，在这里也允值一说。当时已是复旦大学教授的文艺理论家伍蠡甫，在他的一篇题为《一年来的中国文学界》的文章里论及艾芜的《南国之夜》和《咆哮的许家屯》，批评作者"他所致力的不过是架空的描写，和浮夸的浪漫主义",总之是"可惜太过直接地处理,结果仅仅表现一些观念,而内容缺乏激发性的形象,不能打动读者"的"空洞"。后来此文收入杨晋豪编,上海北新书局一九三六年十月版《一九三五年中国文艺年鉴》一书。而几乎是同时,作家周立波撰写了《一九三五年中国文坛的回顾》一文,在此文的第三节《少量的反帝作品》中周立波对伍蠡甫进行了反驳:"艾芜今年出版的《南国之夜》的集子里,还有《南国之夜》这样的反帝的作品,值得给予很高的评价。伍蠡甫说他'只顾热情,却不会怎样影响读者'。这分明是对于反帝作品的轻蔑,有了'热情'的作品,难道不能够'影响读者'吗?"周立波此文后来发表于《读书生活》一九三六年一月第三卷第五期[①]。

不管怎么说,《南国之夜》毫无疑问是艾芜创作历程中一部具有重要意义的作品集。艾芜也没有辜负胡风、周立波的期望,这位"左联"的骁将在上海的几年里,除了出版《南国之夜》《南行记》,还相继出版了短篇小说集《山中牧歌》《夜景》《海岛上》,中篇小说《芭蕉谷》《春天》,散文集《漂泊杂记》等。他后来甚至被鲁迅先生称为"左联"最优秀的作家之一。

(原载《艾芜纪念文集》,天地出版社,二〇一四年六月版)

---

① 周立波:《亭子里间》,湖南人民出版社,一九六三年四月初版,第五十九页。

从《故乡》到《山野》

艾芜在二十世纪四十年代完成的长篇小说除了《丰饶的原野》，另两部按创作时间出版先后依次为《故乡》和《山野》。《故乡》凡六部，一九四〇年四月开始写于桂林。当时作者一边写，一边先在桂林的《文艺杂志》和香港的《华商报》上连载。香港沦陷的炮火毁掉原稿，作者时写时辍，直到一九四五年八月才在重庆南温泉乡下的白鹤林完稿。一九四六年十一月十七日作者于重庆张家花园写毕"校后记"，十一九四七年四月由上海自强出版社分上、下两册出版。小说的主人公是毕业于上海某大学的大学生余峻廷。小说以抗战初期扬子江以南多山地带一个边远县份为背景，以余峻廷回乡二十多天的所见所闻为线索，描绘了这个县城的官僚、政客、资本家、高利贷者、乡村恶霸、贫苦农民等形形色色的人物以及城乡生活的各个方面，展现了大后方官僚政治的腐败和农民所受的压迫和苦难，可谓集"对弊端的嘲讽和对苦难的揭露"之大成。毋庸置疑，五十余万言宛如一幅黑暗与光明交织成的人生图画长卷的《故乡》是艾芜在抗战时期的重要巨著。虽然小说在结构方面不能说不开阔舒展，在叙述故事方面也算得上枝叶扶疏，但作者笔下的"故乡"人物，终究不是作者真正故乡亦即《丰饶的原野》里所写到的岷沱流域那些老熟人。有些人物刻画细节过少，未免性格单薄，叙事又略见枝蔓，读来不免有冗长沉闷之感。而在艺术结构上取得令人瞩目成就的，是艾芜于一九四一年年初始写于桂林，直到一九四七年才在上海南汇县（今南汇区）鲁家汇续完全篇的长篇小说《山野》。这部小说标志着作者的长篇创作进入了成熟期。小说的故事取材于艾芜友人口中得来的广西农村游击战争的事迹。作者说："因为限于所见所闻，我不能把全部抗日战争的悲壮事情，通通写了出来，我只能将一个小的山村地方，一天小小的战斗生活，勉力记下。"整部长篇描写了南方一个小小的山寨吉丁村，自凌晨到深夜的一天之间村民们倚恃险峻的地势挫败进犯日寇的战斗。作品热情讴歌了"不愿做奴隶，能为自由而战争"的阿岩、阿树、阿寿、阿龙等抗日英雄，鞭挞批判了破坏抗战的叛敌分子徐德川、韦茂河的投降罪行。小说的几十个人物，都写得眉目宛然。由于作家抓住了主要矛盾，在相互纠结中形成了紧凑缜密的蛛网式布局，而又能灵活穿插，把故事的发展和人物的活动组织得有条不紊，遂使小说取得了空前的成功。无怪乎曾专门研究过中国现代小说的杨义认为这部《山野》"确乎非高手无以达到如此境界"。

《山野》最初曾于桂林的《自由中国》新一卷三期至新二卷二期连载过前十章。抗战胜利后，小说曾一度改名《战斗的山村》于上海《时事新报》连载。一九四八年十一月，《山野》由巴金编入其主编的"文学丛刊"第十集于上海文化生活出版社初版。《山野》可谓艾芜的文学生涯中继《南行记》《故乡》之后又一座丰碑。一九五四年，作家出版社印行了《山野》最后一版竖排本。后经作者修改，作家出版社又于一九五五年二月印行了修订重排初版，一九六二年印行了第二版。

（原载《艾芜纪念文集》，天地出版社，二〇一四年六月版）

艾芜的成名作《南行记》

　　艾芜的《南行记》是继《山中牧歌》(上海天马书店，一九三四年版，"天马丛书"之一)、《南国之夜》(上海良友图书公司，一九三五年三月初版，"良友文库"第三种)两部小说集之后出版的第三部小说集，也是艾芜小说创作的成名作。若依作者"序"里的说法，艾芜是将《南行记》视为他的处女作的，虽说《南行记》迟至一九三五年十二月才由巴金编入上海文化生活出版社的"文学丛刊"第一集十六种之一印行问世。

　　据《南行记》的序文，我们知道正处在风华正茂时期的作者在辽远的边陲，险恶的荒野以及华缅杂居的异邦都曾经含辛茹苦地流浪过。当作者"在漂流的旅途上出卖气力的时候，在昆明红十字会做杂役的时候，在野人山茅草地扫马粪的时候……都曾经偷写过一些东西，但那目的，只在娱乐自己，所以写后就丢了，散失了，并没有留下的"。后来，作者流浪到仰光，为了谋生，才正式提起笔写起了散文、小说和诗。不过此时的作者并不曾认识文艺的真价值，"认为这是无足轻重的，也不愿怎样苦苦地去研究"。一次，在仰光戏院内看了一部美国好莱坞的影片，艾芜受了很大的刺激，自那次之后他才"认清了文艺并不是茶余饭后的消遣品"。

作者流浪回国，在上海北四川路上巧遇到几年不通消息的成都第一师范学校念书时的老同学沙汀之后，艾芜才决意要把毕生精力全灌注在文艺身上。艾芜是一九三一年春结束流浪到达上海的。在以后数年中，由于得到了鲁迅先生的真诚教诲以及沙汀的帮助，还有茅盾、周扬等人的扶掖，艾芜进入了他创作的第一个高峰期。《南行记》可以说是艾芜的第一个创作高峰期里最重要、最出色的作品集。对于这一切，艾芜是有真诚的感恩心情的。他曾在《南行记》的"序"的结尾就曾说过："这本处女作，就艺术来讲，也许是说不上的。但我的决心和努力，总算在开始萌芽了。然而，这嫩弱的芽子，倘使没有朋友们从旁灌溉，也绝不会从这沙漠的土中，冒出芽尖的，而我自己不知道现在会漂泊到世界上哪一个角落去了。"

《南行记》的最早版本仅收小说八篇，艾芜将《人生哲学的一课》冠于八篇之首，似乎在向人们说明，此篇乃作者漫长流浪岁月的前奏曲。此篇采用第一人称，描写知识青年"我"流落昆明，走投无路的遭遇。在求业无门、身无分文，眼看就要被赶出客栈失去栖身之所，"我"仍然执拗地表示："就是这个社会不容我立足的时候，我也要钢铁一般顽强地生存下去！"从某种程度上说，此篇带有浓厚的自述色彩。而克服困难、蔑视困难、直面人生、砥砺自我的坚定不屈的生活态度，确实贯穿在艾芜的许多作品中，成为他早期创作的一大显著特色。由此观之，艾芜不是为了创作去阅读生活这本大书的，而是在阅读了生活这本大书有了深厚的扎实积淀之后才开始真正意义上的文学创作，从而写成了使他一举成名的《南行记》的。

《南行记》问世之后，首先给予艾芜这本成名作以充分关注的是作家周立波和书评家常风。周立波于一九三六年三月出版的《读书生活》第三卷第十号发表了《读〈南行记〉》。常风在一九三六年三月六日出版的天津《大公报》"文艺"副刊发表的以《南行记》为题的书评中指出："本集

《南行记》书影

作者艾芜先生几年流浪生活收获了许多难得的经验，一个作者花钱也无从购到的经验。过去的生活虽然给了艾芜先生若干痛苦，而对于他实在是大幸。更值得称道的是他的经验使他以前所持的文学观念，认为文学是茶余酒后的消遣品的，改变了，他由生活，由经验，认识了文学是一件严肃的工作；从事于文学不是那种消遣玩票的态度所能办得到的。这种态度就是一个真正作者所应具有的态度，也是他的一个'根本'。"而郭沫若发表于一九三六年六月二十五日《光明》半月刊第一卷第二号的一篇文题为《痈》的随笔中也充满激情地谈到了艾芜的这一成名作："我读过艾芜的《南行记》，这是一部满有将来的书。我最喜欢《松岭上》那篇中的一句名言：'同情和助力是应该放在年轻的一代身上的。'这句话深切地打动着我，是我始终不能忘记。"艾芜一生写了几百万字的作品，其中有不少的小说，包括短篇、中篇、长篇，在人物刻画的深入和写作技巧的圆熟上都明显超过了《南行记》。然而，很多的读者，很多的史家及评论家，读艾芜的小说一直读到今天，最喜欢的、最受感动的还是风格独特、清气扑人的《南行记》。我想，《南行记》之所以能成为二十世纪三十年代左翼文坛极有魅力的小说艺术奇葩，能成为艾芜全部小说创作中最有艺术魅力的代表作，不外乎两点：一是作品中弥漫着沁人心脾的边寨风情和浓烈醇厚的抒情气息；一是作品中始终滋润流动着一股永不枯竭的能激励人心的人生哲理的静水深流。以至此后，《南行记》一直是经受住了时间考验而成为我国新文学出版史上的保留书目之一。

一九四六年，上海文化生活出版社印行《南行记》第二版时，在原有八篇基础上增加《山中送客记》《海岛上》《偷马贼》《森林中》四篇。一九四八年十月，文生社又印行了这个共计十二篇小说的第二版。一九六三年十一月，作家出版社出版了《南行记》新一版。这个版本在一九四六年再版本基础上又增加了小说十二篇。书前仍列有《南行记》初版序，书末另有作者为新版所作"后记"一篇。一九八〇年四月，人民文学出版社印行了在一九六三年十一月作家版基础上增收《山官》一篇共二十五篇小说的新一版《南行记》，作者为这个版本写了"重版题记"。书是越出越漂亮，不仅有了柳成荫等装帧名家的装帧，而且还有吴冠中、袁运甫等名画家的插图。一九八一年，四川人民出版社为纪念艾芜创作五十周年，隆重出版《艾芜文集》，第一卷收入的《南行记》，收入的小说从二十五篇增至三十一篇。此后的一九八四年，人民文学出版社印行了一套窄三十二开本的"文学小丛书"，其中就有艾芜的《南行记》。新千年伊始，《南行记》又收入云南人民出版社的"旧版书系"重版。这个"旧版书系"本在一九三五年初版本和一九四六年再版本的基础上，对作者后来有所改动的地方都作了校注。不仅如此，《南行记》里面的作品如《山峡中》等名篇还一再地被搬上银幕和荧屏。艾芜在后来的岁月里又先后写成《南行记续篇》（作家出版社，一九六四年初版；人民文学出版社，一九八〇年三月新一版）、《南行记新篇》（云南人民出版社，一九八三年初版），"遂使《南行记》成为作家白头偕老的文学伴侣了"。（杨义语）

（原载《绿土》二〇一四年七月，总第一七三期）

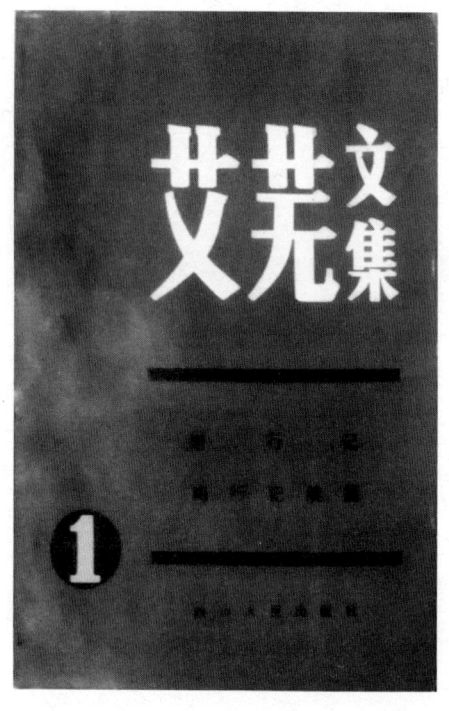

《艾芜文集》(第一卷) 书影

艾芜、范泉与《石青嫂子》

一九四六年夏天，到上海后不久的茅盾即向正在编辑《文艺春秋》月刊的范泉推荐介绍一批可以为这个刊物撰稿的作家，包括一些外地作家，其中就有成都的刘盛亚、重庆的艾芜。范泉与艾芜通信联系后，艾芜即自重庆寄来了第一篇稿。一九四六年八月十五日，艾芜的短篇小说《敲猪草的孩子》就在范泉主编的《文艺春秋》月刊第三卷第二期上发表。其实，艾芜这篇《敲猪草的孩子》早在一九四五年十月《青年知识》创刊号上发表过。艾芜将此寄给范泉，有着投石问路的意味。其后，一九四七年七月十五日，艾芜的短篇小说《都市的忧郁》又在《文艺春秋》月刊第五卷第一期发表。

一九四七年七月二十七日，艾芜独自一人自重庆搭轮船抵沪。这年的八月十日，范泉以文艺春秋社名义出面邀请重庆来的艾芜与台湾来的黎烈文在南京路新雅酒家茶聚，并邀请常为《文艺春秋》撰稿的李健吾、许杰、臧克家、碧野等作陪，由翟立林、叶德馨录像，历时三个钟头。大家在茶聚会上，"不拘形式地谈了重庆文化界的现状、台湾新旧文化的交替、莎士比亚的翻译、老舍和曹禺在美国的情况、叶君健在英国出版的《山村》、郭沫若和周学普的两个《浮士德》译本、现阶段戏剧运动的趋向、中国作家的贫困和饥饿"。

（参见范泉：《记艾芜——一个苦了一辈子，写了一辈子的作家》，《新文学史料》一九九五年第四期）这次茶聚的简况与照片，即发表在本年八月十五日出版的《文艺春秋》第五卷第二期上。在这次茶聚会上，艾芜还谈到了重庆和上海的物价大约是一与五之比，重庆的铅字排工费每千字不过数千元，而上海竟达四万三千元；上海吃一顿客饭，相当于重庆吃两天的客饭。在如此情势之下，如果居住问题不得解决，生活问题又无法应付的话，他打算仍然回到重庆去。[①] 一九四八年一月七日，艾芜搭轮离沪。在前后不过半年的时间里，艾芜用平生第一支范泉送给他的浪琴自来水钢笔为《文艺春秋》写了一个中篇小说《我的幼年时代》（曾连载于《文艺春秋》第六卷第一至第六期）以及几篇小说。而其中最为有名的，即为一九四七年九月十五日《文艺春秋》第五卷第三期上发表的艾芜到上海后住在《新华日报》记者陆诒的家中写的第一个短篇，也是他一生最著名短篇小说的代表作——《石青嫂子》。这个短篇小说以抗战胜利后四川重庆一带山乡为背景，描写了一对失去土地的农民夫妇的不幸遭遇，着重刻画了一个坚忍、泼辣、勤劳、能干且富有反抗精神的劳动妇女——石青嫂子的形象。抗战爆发后，一所"官家学校"迁来，借助于这个学校的庇护，石青嫂子与丈夫在一块暂时无主的山峡里开荒种菜，艰苦经营，终于建立起一个日益兴旺的家庭和赖以温饱的农家生活。但是，抗战胜利后，灾难就接踵而来，先是丈夫被抓了壮丁，接着地主吴大爷使用了逼租、烧屋、毁地等种种阴险毒辣的手段，一步一步地把石青嫂子一家逼上了绝境，最后，石青嫂子只好领着五个幼小的孩子离开山峡去流浪乞讨。小说写成于一九四七年八月。作者已分明感觉到，"黎明前的黑暗诚然是比子夜更要黑暗，但天亮的日子总是临近了"。作者在小说结尾让

---

① 范泉著、钦鸿编：《斯缘难忘》，湖南教育出版社，二〇〇七年四月初版，第四十一——四十三页。

他笔下的石青嫂子讲出了充满希望的话："不论啥子艰难困苦，我都要养大他们的！"范泉将它排在小说栏头条，并在本期的"编后"里热情赞誉且推荐艾芜的这篇名作："艾芜先生自重庆来到上海以后，在一间几乎是堆栈一般的斗室里，首先为本刊写下了一个有力的短篇：《石青嫂子》。这篇小说里的女主人公，当'环境'硬要把她的生命连'根'拔起的时候，她却咬紧了牙齿，那么执着地，攀拉住泥土，去创造她的新生命。我们相信每一个读者阅读了她，都会感动得流下悲愤的热泪。"

一九四八年七月，艾芜的短篇小说集《烟雾》由范泉收入其主编的"中原文学丛书"于上海中原出版社出版。丛书当时共出三种，另两种为范泉的中篇童话《幸福岛》、王西彦的长篇小说《寻梦者》。艾芜的《烟雾》收入了《都市的忧郁》《田园的忧郁》《重逢》《小家庭的风波》《胆小的汉子》《石青嫂子》六篇小说。作品中弥漫着暴露压迫与苦难的强烈的社会批判意识，尤其是《石青嫂子》达到了炉火纯青的艺术境界。无怪乎有一位文学史家在他的史著中这样评论艾芜："他的胸中，他的笔下，回响着人民的叹息、号啕和呼啸。这个早年曾以流浪诗人的情怀去吟味边陲海隅的原始美和生命力的作家，已经在以社会斗士的姿态咀嚼着人间苦和社会恶了。"[①] 而早在一九四九年二月已经读过《山野》《烟雾》《荒地》等艾芜小说作品的楼适夷就曾撰文指出："艾芜，我们应该以尊敬和感激的心情来称呼这个名字，这是一位在今天极度艰苦的文艺田园中最为辛勤而且有很大成就的作家。"（楼适夷《一九四八年小说创作鸟瞰》，一九四九年二月《小说月刊》第二卷第二期）

（原载《绿土》二〇一四年七月，总第一七三期）

[①] 杨义：《中国现代小说史》第二卷，人民文学出版社，二〇〇五年版，第四百九十五页。

吴组缃二十世纪三十年代的文学创作

吴组缃是一位恪守"宁可少些,但要好些"这一自订规矩的作家。自二十世纪三十年代到抗战胜利为止,十余年中仅有短篇小说集《西柳集》、小说散文集《饭余集》及长篇小说《鸭嘴涝》(后改名为《山洪》)出版。他是一位以寥寥可数的作品在国内外赢得盛誉的作家,又是一位来自乡村非常了解农民、热爱农民的作家,秉笔画出了多灾多难的中国乡村的时代风貌,为中国农民善良而质朴、坚韧而奋起的灵魂雕塑了多彩多姿的群像。

《一千八百担》和创作丰收季

一九二九年前后,世界经济危机波及中国,造成广大乡村破产,皖南一带许多商铺也纷纷倒闭。吴父在家境败落中忧愤而死,吴组缃与兄长二人上大学的费用成为燃眉之急,赖乡人和亲友资助才得以继续学业。现实生活中的变故以及由此产生的苦闷,促使吴组缃要在理论上去觅求答案。于是,他参加了"反帝大同盟"和"社会科学研究会"。这一时段,吴组缃和兄长吴半农等一起参加编辑《中国社会》半月刊,研究中国社会经济问题,阅读钻研了一些马克思主义的理论著作,如马克思《资本论》英文译本,日本河上肇的《唯物史观研究》《社会组织与社会革命》《经济学大纲》《资本论入门》等书的中文译本以及李达的《辩证唯物论与历史唯物论》的油印讲义。随着他社会思想发生变化,他的文艺思想也发生了变化。一九三一年十一月,他写了一篇批评"纤弱趣味"的小资产阶级文学倾向的文艺论文,题目叫《谈谈清华的文风》,文章提出:"要暂时把趣味放开""在我们可能范围内,多多注意和社会接触""放开眼,看一看时代,看一看我们民族的地位,看一看社会的内状,使我们意识到我们现在这种生活的内里,并不是多么美满,我们实在不能偷生苟安,视现状而麻然木然。我们该在现有的生活里抓住苦痛、悲慨,在我们现有的灵魂里抓住它的矛盾处,而后再用 serious 的笔向沉着处写"。由于对中国社会认识的加深,这对吴组缃的小说创作产生了不小的影响。一九三〇年一月之后,短篇小说《离家的前夜》《栀子花》《箓竹山房》《官官的补品》陆续发表,标志着吴组缃逐步摆脱了早期作品时有流露的知识青年"凄清的哀愁"而逐步放眼于整个时代与社会人生。尤其是一九三三年春,茅盾的长篇《子夜》的问世给了吴组缃极大的震撼。这年春夏之交的一天,吴组缃与季羡林、林庚、李长之等清华同窗(此四人可说是清华园"四剑客")在清华工字厅就《子夜》进行热烈议论。吴组缃对《子夜》这部中国新文学时代的巨制倾心仰慕,立即于一九三三年六月一日出版的《文艺月报》创刊号的"介绍与批评"栏内发表了《新书介绍〈子夜〉》一文,一开头就说:"中国自新文学运动以来,小说方面有两位杰出的作家:鲁迅在前,茅盾在后。茅盾之所以被人重视,最大缘故是在他能抓住巨大的题目来反映当时的时代与社会;他能懂得我们这个时代,能懂得我们这个社会。"在吴组缃眼中,《子夜》是"新兴社会科学者的严密正确的态度"与高超的"艺术手腕"相结合的产物;《子夜》的成就在于集中而概括地通过上海这个"中国社会一身病毒的总暴发口"来剖示了半封建半殖民地的性质。《子夜》开阔了吴组缃的艺术视野，也激发起他追求开阔境界的艺术兴味。自此，吴组缃小说创作笔触逐渐转向社会剖析小说。一九三三年十一月，吴组缃写成一篇近三万字篇幅，类乎《子夜》的社会剖析角度的小说寄给了《文学季刊》。小说写了宋氏大家族的地主豪绅们为争夺族中公产而进行的明争暗斗，通过对话和盛大场面的描写，栩栩如生地刻画了十几个各怀鬼胎、各有性格的人物；最后则水到渠成地以饥民声势浩大的抢粮场面结束故事。小说的结构严谨而舒展，作者运笔举重若轻，充分表现出作家处理故事的能力、选材的眼光和运用文字的熟练。郑振铎非常激赏这篇小说，于是郑重推荐给了《文学季刊》实际主事人靳以。一九三四年一月一日，《文学季刊》创刊，由立达书局发行，吴组缃的《一千八百担》便发表于创刊号。本期小说栏共发小说九篇，其中有老舍的《黑白李》、余一（即巴金）的《将军》、冰心的《冬儿姑娘》、沉樱的《旧雨》等，吴组缃的《一千八百担》位居第三条。曾记得在方继孝的《旧墨五记·文学家卷》下编里读到一篇《吴组缃的耿介人生》，文中说到吴组缃将《一千八百担》投到《文学季刊》时郑振铎初未置意，遂以字数太多退回，不料吴氏写信指责编辑有眼无珠，埋没佳作，郑阅信后连忙仔细重读，发现确是杰出的创作，一面道歉，一面将《一千八百担》予以刊发。不知方继孝先生是从哪里听来的故事？此乃典型的"小说家言"，当不得真的。当年，郑振铎这位新文学运动的元老在燕京大学任教授，并在清华兼课。曹禺、余冠英、季羡林、林庚、吴组缃等一批清华学生，都是郑振铎发现和赏识的青年才俊，而且是郑振铎介绍他们在《文学季刊》等刊物上写稿子的。郑振铎、靳以他们一点也不势利。相反，《文学季刊》在后来的日子里，对年轻作者格外关注。再说，吴组缃更不是那样一类动辄开骂老师"有眼无珠"出言不逊的狂妄之辈。

一九三四年二月，文坛宿将茅盾为《文学季刊》创刊号连写两篇文章，分别刊登在《文学》月刊第二卷第二号和《申报·自由谈》上，既向文学界、读书界推荐《文学季刊》，又对刊物发表的作品尤其是小说作出评价。其中对吴组缃及其《一千八百担》更是称赏有加："这位作者出现于文坛，好像不过是年来的事，然而他的作品有令人不能不注意的光芒。""这位作者真是一支生力军""已经证明他是一位前途无限的大作家"。而且就在这一年，美国人伊罗生为了译介中国现代文学作品，约请鲁迅、茅盾共同编选现代中国短篇小说选，鲁迅、茅盾共同定书名为《草鞋脚》，在推荐并列目的小说选篇目中就有吴组缃的成名作《一千八百担》。不仅如此，鲁迅、茅盾共同研究而由茅盾执笔写成的《草鞋脚》部分作家作品简介里面还着重提及吴组缃"是一个很有希望的作家"。

循着"社会剖析"这一创作路向，吴组缃于一九三四年一月和三月又接连写出展示社会人生百相和解剖社会各种断面的两篇小说：《天下太平》和《樊家铺》。前者刊于《文学》月刊第二卷第四号（创作专号），后者发表于《文学季刊》第一卷第二期。此刻，茅盾再次撰写《〈文学季刊〉第二期内的创作》一文，文章再一次注意到了吴组缃："这位作者在最近半年内发表过三篇小说，很引起了注意。"《一千八百担》《天下太平》《樊家铺》这些代表作的接连发表，使吴组缃成了享誉现代文坛的第一流作家。

一九三四年七月，吴组缃的短篇小说集《西柳集》作为"创作文库"第四种由上海生活书店初版。收小说十篇，《官官的补品》《菉竹山房》《一千八百担》《天下太平》等名篇都赫然在列。为何取《西柳集》这书名，大概是作者在清华大学读研究院，为纪念所寓居的"北平西柳村"的。但每篇小说的字里行间都流溢着浓烈的远客思乡之情。一九三五年十二月，吴组缃的小说散文集《饭余集》由巴金代编，收入其主编的"文学丛刊"第一集于上海文化生活出版社出版。一共收七篇作品：《樊家铺》《村居记事二则》《谈梦》《柴》《女人》《悼鹿儿》和《泰山风光》,除了第一篇是小说,余者都是散文。

《西柳集》《饭余集》似乎后来一直没有再版过。直到新中国成立后的一九五四年,人民文学出版社才出版了《吴组缃小说散文集》(此集一九五七年十月曾第二次印刷)。再就是《一千八百担》这一名篇曾作为"文学初步读物"丛书第二集之一,于一九五五年三月由人民文学出版社出版。自从二十世纪四十年代末期以后,吴组缃先后于南京金陵女子文理学院、清华大学、北京大学任教,并从事《红楼梦》研究,不再创作小说。作为小说家的吴组缃和他的新文学作品集也渐渐被人们淡忘,但新文学史上却记载着他的辉煌文学业绩,《西柳集》《饭余集》《洪水》是最好的见证。好在好心的出版家至今还记得吴组缃那些不朽的精品,二十世纪八十年代,人民文学出版社出版了《山洪》的修订本;九十年代,珠海出版社出版的"世纪的回响"丛书作品卷中也收入了《一千八百担》。

《山洪》:抗战文艺园圃中的一朵奇葩

一九三四年夏,一个意外事件突然打断了吴组缃在清华研究院的研究生学习生活。他自己后来曾与人谈及这一事件的缘由:

> 我一九三二年从清华毕业后,继续留校读研究院。一年后,因为在一门选修课《六朝文》的代考论文里,凭着年轻人的激情,贬斥骈体文,说它是搽脂抹粉的娼妓文学,把那位教授惹恼了,就给我打了一个七十九分。刚刚只差一分,恰好勾销我每月三十元的研究生津贴。教授传话说,只要我去他那里面谈一次,分数即可补加。我很气愤,拒绝了他的"好意"。可又要养家活口,便弃学谋求职业,结果就到南京中央研究院就业。(引自吴福辉记录整理《吴组缃谈张天翼》)

吴组缃这里所提到的"那位教授",即刘文典。学术上的见仁见智,本是很正常的事,结果却导致了吴氏研究生学业的中断。这年秋天,经郑振铎介绍,吴组缃在南京结识了张天翼,便成为一见如故的好朋友。一九三五年一月,吴组缃接受冯玉祥将军之聘,前往泰山任冯的国文教师,抗战期间又兼做秘书。主要工作是为冯选讲古诗文,协助修改冯所作诗文及传记《我的生活》,并代拟讲演稿、函电稿等,前后达十二年之久。在此期间,又曾随冯玉祥先后在第三战区、第一战区参加抗日工作。

从一九三八年三月中华全国文艺界抗敌协会成立之日起,吴组缃一直被选为"文协"常务理事,后来又担任"文协"会报《抗战文艺》编委会委员。应《抗战文艺》编者之约,一九四〇年初冬时节,吴组缃开始动笔写作一部以皖南黄山支脉的鸭嘴涝村为背景,反映内地农民爱国意识觉醒的长篇小说,小说即取名《鸭嘴涝》。"因为凑着了闲空",上篇七章"一气就写成了"。而《鸭嘴涝》下篇十章的写作,用吴组缃自己一九四二年五月十六日为《鸭嘴涝》所作的《赘言》里的话说,其状况就是:"下篇十段写得可实在要命;有时写半页,搁它二五天,有时两三星期不能写一个字;到后来索性摆开了,大约整一年不曾摸它。今年幸而生了一点小病,就利用这病的工夫,一字一句地挤着,到今天总算完了篇。其间濡滞与不匀称之处不说,即情节结构,也迥非原来计划中的面目……"一九四二年春,吴组缃因小恙得暇,终于写完《鸭嘴涝》后十章。吴氏《鸭嘴涝·赘言》中的这段自白确非谦辞。只要将上篇与下篇比照着读,细心的欣赏者当会发现,下篇确有笔力艰涩之痕迹。

吴组缃毕竟是一个惜墨如金,从不粗制滥造,创作态度极为严肃的作家。在抗战期间的"长篇小说竞写潮"涌动之时,《鸭嘴涝》依然以苦心经营见长。一九四一年一月至三月,《鸭嘴涝》上篇七章曾连载于《抗战文艺》。一九四三年三月,《鸭嘴涝》在战时的重庆用土纸印行问世,由文艺奖助金管理委员会出版部出版，列为张道藩作"抗战文艺丛书序"的"抗战文艺丛书"第三种。《鸭嘴涝》一经行世，甚受报章文字及文学名家的推重，被誉为抗战文艺园圃中的一朵奇葩。六月十八日，老舍在重庆《时事新报》发表署名"舍"以《读〈鸭嘴涝〉》为题的书评，老舍在文章中称赞小说"写得真好"。同时又批评说"书名起得不好，'鸭嘴'太老实了，'涝'谁知道是啥东西！"抗战胜利后，《鸭嘴涝》拟由诗人曹辛之主事的星群出版公司再版。趁重新刊行沪版之机会，朋友们力劝吴组缃为这部长篇更改书名。叶以群建议书名最好能表现出"人民潜在力量初初发动"的意思，且宜选用两个字的书名为佳。吴组缃循着这个思路考虑用"惊蛰"两字，此虽符合以群建议中的"初初发动"之义，而老舍认为干脆不如用"山洪"二字，如此既切合时代主题，暗示着章三官等觉醒的农民们如山间洪水，终于汇入抗战洪流；而且字面也大方，听起来醒豁响亮。于是，吴组缃决定起用"山洪"二字来取代"鸭嘴涝"。

一九四六年四月，《鸭嘴涝》更名为《山洪》，由上海星群出版公司出新一版。书前有吴组缃写于一九四五年十月十四日的"新版题记"。新一版《山洪》由曹辛之装帧，封面左下角为美术字的书名及作者名，右上角画面为有角而持弓的猎神驱遣着两只猎犬在追逐野兽。《中国新文学图志》的主笔杨义称誉这幅封面画"剪影式的表达方法非常新颖精巧，于刚健有力处散发着象征味"。不过，依笔者陋见，《山洪》这书名，曹辛之那颇富象征味的装帧，均与吴组缃那种精致绵密、细腻雅洁、从容圆润的创作风格不合。倒是那原书名，那不知出自何人手笔的《鸭嘴涝》的封面设计，都极佳地画出了皖南山乡的风貌：

> 大河从上面重峦叠嶂之中弯弯曲曲穿了出来，迎面碰着鸭嘴山，屹然高耸，突出丑怪的岩石；好像遇着一个横蛮的凶汉：两手撑腰，仰面向天，有意伸出一只脚拦住去路，要

和这远来的过客闹是寻非。大河奈何不得,只有把河路让开,转而向北,绕了一个弯,再继续向二百里外的大江里缓流而去。

也只有原版的书名及装帧,最能表达吴组缃寓居重庆时那强烈的战时乡土情思。

一九四三年春天印出的那个土纸本《鸭嘴涝》,估计印数奇少。据吴组缃说,"原书只在大后方的一角销行了一个很短的时期"。而一九四六年四月上海星群出版公司刊行的新一版,也只印了两千册。后世的爱书家们怕是只能去莽莽苍苍的旧书林寻觅人民文学出版社一九八二年二月出版的《山洪》修订本的芳踪了。

值得庆幸的是,饶有史识的司马长风先生在他的《中国新文学史》的第二十六章列出专节对吴组缃这位功力深厚的风土人情画家及其《山洪》进行了十分精到的论述:"研究战时战后的小说,不能轻心掠过的作家和作品是吴组缃的《山洪》""吴组缃是有才华有耐心的作家""能够以艺术节制抗敌热情和政治意识,从庞杂的现实中,抽取必然的素材,以纯青之火,细致熔炼、剪裁",因而写出了像《山洪》这样朴素精美的作品。并且认为《山洪》这部出类拔萃的抗战小说有两大优点:一是对人对事,绝少直接、抽象的褒贬,满纸是生动的形象;二是谨守写实主义的规格,能彻底摒弃政治意识的纷扰,表现出了艺术的真诚与气魄。

(原载《绿土》二〇一四年九月,总第一七五期)

"志摩纪念号"与《新月》的灵魂

"轻轻的我走了,正如我轻轻的来;我轻轻的招手,作别西天的云彩。"一九三一年十一月十九日,"新月派"代表诗人徐志摩因"济南号"飞机撞毁遇难。徐志摩在文坛学界上的众多生前好友,纷纷为他的英年早逝而伤怀哀念不已,先后留下了大量足以留传后世而不朽的悼念诗文。一九三二年一月出版的《新月》月刊第四卷第一号是一期特大号,即"志摩纪念号"。这期刊物不仅发表了两篇"志摩遗稿",即莎士比亚悲剧《罗米欧与朱丽叶》(第二幕第二景)的译品和《醒世姻缘序》,同时在"志摩纪念"栏内刊出了十二篇情深意挚的悼文,按篇目顺序依次为:

哭摩	小曼
追悼志摩	胡适之
志摩纪念	周作人
志摩在回忆里	郁达夫
谈志摩的散文	梁实秋
与志摩最后的一别	杨振声
志摩最后的一夜	韩湘眉
"志摩是人人的朋友"	方令孺

悼志摩先生	储安平
怀志摩先生	何家槐
志摩师哀辞	赵景深
送志摩升天	张若谷

在悼文中,胡适之说:"志摩走了,我们这个世界里被他带走了不少的云彩。他在我们这些朋友之中真是一片最可爱的云彩。永远是温暖的颜色,永远是美的花样,永远是可爱。"杨振声说:"我们的损失,不只是一个朋友,又是一个诗人,一个散文家,更重要的,是人类中失掉了一曲'广陵散'!"他还极为称道志摩的为人真是秋空的一缕行云,"他不洒雨,因为雨会使人苦闷;他不会遮月光,因为那是煞风景。他一生决不让人苦闷,决不煞风景!"方令孺则说,读志摩的诗,如对"壁炉里的柴火""看他闪出夭矫上升的火焰,不像那些用电光照出的假火炭"。她还说,志摩的诗之所以如此,是因为他"有一个不衰老的心,亲和的性格,同火热的情感。从自己心里烧出的生命,来照耀到别人的生命,在这种情态下吐出来的诗歌,才能感到灵活真诚。"梁实秋谈论的是志摩的散文,梁实秋认为志摩的文章永远是用心写的。"在他所努力过的各种文学体裁里,他最高的成就是在他的散文方面。""志摩的可爱处,在他的散文里表现得最清楚最活动。""志摩的散文优于他的诗的缘故,就是因为他在诗里为格局所限不能'跑野马',以至于不能痛快地显露他的才华。"这些文字只有最相知的朋友才写得如此的真切,这些知交笔下的文字又确是徐志摩为人为诗为文的风格的留真谱。用胡适之的话概而括之即是:"志摩所以能使朋友这样哀念他,只是因为他的为人整个的只是一团同情,只是一团爱。"

"胡适和徐志摩在《新月》是要角"(瞿光熙语),而叶公超、梁实秋又一致认同:胡适是《新月》的领袖,徐志摩是《新月》的灵魂。《新月》创刊之始,徐志摩在那篇可视为

《新月》的发刊词，文题为《"新月"的态度》一文中曾殷殷遥瞻"那纤弱的一弯分明暗示着，怀抱着未来的圆满"。一九二八年以后的新月派的文学活动也确实迈入鼎盛时期，其中功绩不无志摩的努力。叶公超在《志摩的风趣》（刊一九三一年十一月三十日《大公报·文学副刊》第二〇二期）一文里就曾说过："他是难得的一个永不败兴的人。无论做什么事体，他的兴致总比别人来得高些。看起来，他好像是从来没有受过什么挫折和痛苦的人，其实他何尝没有领略过一些人生的烦恼；不过他和雪莱一样，尽管一再不满于人生，不满于自己，而目前的存在却依然充满了勃勃的生机和不败的兴致。组织新月社，编辑《晨报副刊》，筹办新月书店都是他最热心最起劲的事。为国体的事，志摩，他是不辞劳苦的。大家都不愿干的事，总是推到他头上去，而他也独有勇气去接受，去敲上锣鼓再说。"这知音之谈令人想见，真正地办好一份杂志，是多么地需要一些像志摩这样的有很坚韧的性格的编辑。志摩罹难，《新月》受的打击最大。"新月"这个群体一旦没有了徐志摩这面旗帜，于是这个"一伙人萍踪偶聚"，一时际会的与文学研究会、创造社鼎足而立的新文学社团，还有《新月》月刊也就失去了灵魂，也就造成了后来时日的文朋诗友们的劳燕分飞。这怎不令人无限的哀念、悼惜！

除《新月》月刊外，当时的《诗刊》，天津大公报《星期特刊》也都先后刊出了"志摩纪念号"。尤其是北平《晨报》副刊《学园》，因了纪念诗文的蜂拥而至，一连出了八天的纪念专号。悼念诗文的作者多为徐志摩在北平的朋友，如沈从文、郑振铎、余上沅、凌叔华、林徽因、陈梦家、孙大雨、方玮德等四十人，最后在一九三一年十二月三十日汇集出版了《北晨学园·哀悼志摩专号》（参见姜德明《余时书话·纪念徐志摩》）。这些质实华茂、风采秀出的悼念诗文，后人一旦捡拢来读，定然会惊叹，志摩这位可爱的新月下的夜莺，他的身后竟有这么一天云蒸霞蔚的云锦，竟有这么多文坛上的名宿俊彦为其赋歌壮行,也可谓青春岁华并未虚度!

今年,是徐志摩诞生一〇五周年逝世七十周年的纪念年。徐志摩的灵魂是不朽的,精神是不朽的。他的诗,他的散文有着永不消逝的余韵。诚如方令孺在《"志摩是人人的朋友"》一文中所说的,"现在再听不到他新颖的歌声!可是,不消灭的是他的心。藏在文字里,永远传给后人"!

二〇〇二年十月三十日

(原载《山西文学》二〇〇三年第三期)

辛笛的《春日草叶》

曾先后以《珠贝集》《手掌集》这两本"弥满了由时代的压抑与青春的敏感糅合而成的孤抑和忧愤,意象飘逸,感悟精细"的诗集饮誉现代诗坛的诗人王辛笛,二十世纪三十年代初在清华大学外文系读书期间曾任《清华周刊》的文艺编辑。王辛笛真是遇上了好时机。因为这正是中国现代文学史上最光灿、最优雅、最富丽的时期。用他的诗友唐湜的话说,这时"到处涌现出才人,哪儿都有光彩的才华闪现"。且不说北大的"汉园三杰",单说清华园就聚集了后来的戏剧家李健吾、曹禺,诗人孙毓棠、林庚、曹葆华、陈敬容,学者钱锺书、常风等。虽说辛笛此时还年轻,也时有佳作在《水星》《文学季刊》等刊物上发表。一九三五年辛笛自清华园毕业后,在北京贝满女子中学教书一年,这时他曾写有一篇题为《春日草叶》的散文,而且是篇"婀娜生姿"的日记体散文。

辛笛先生是一位在诗歌写作上经历了无限甘苦,于诗、于文有过"一番挣扎,一番坚持"(唐湜语)的作家。他曾说过:"新诗在打破旧体诗的藩篱后,其美即在于一定的散文美……而散文如果有神来的诗意之笔也必然婀娜生姿绚烂出色。"而《春日草叶》正是这样一篇有"神来的诗意之笔"

的婀娜生姿、绚烂出色的散文。这篇起笔于一九三六年二月二十日,写迄于三月二十八日的日记体散文,是作者一个多月中的生活实录。日记中既有对贝满女子中学校园雪景之美以及活泼的学生,"有玩有耍"情景的记叙,也有对"每夜每夜"听到街巷里一个凄凉的少年的"微颤的悠长的"叫卖声的感喟;既有或远或近的文朋诗友的行踪和消息,也有自己心灵的剖白。然而日记中更多的则是他在东安市场,中原书店淘旧书、买新书的记录以及对文艺作品的摘抄和诠释,因而文学名著中的警言名句在日记中比比皆是。缓缓读来,真如汲饮了浓酽的咖啡,又像是欣赏着一幅又一幅的小幅油画。

这篇以"诗意之笔"写就的日记体散文,曾由作者收入上海出版公司一九四八年十二月初版的书评散文集《夜读书记》。六十多年过去了,这一簇"春日草叶"依然是那么绚烂出色。八十多岁的辛笛先生也依然忘情不了这一极富青春色彩的《春日草叶》,又将它选入上海教育出版社一九九八年十一月出版的"学人文丛"之一的《嫏嬛偶拾》一书,以重温那一段温馨的、青春的旧梦。

(原载二〇〇一年第四期《日记报》)

珍藏『七月』两题

《喜日》

《喜日》是"七月派"著名诗人冀汸的叙事长诗,新华书店华东总分店一九五〇年十二月出版发行,属冯雪峰任主任委员,于伶、巴金、王统照、胡风、柏山、夏衍、夏征农等十六人为编委的"文艺创作丛书编辑委员会"编辑的"文艺创作丛书"之一。书为小三十二开,正文九十二页,繁体竖排,版心偏上,地脚极宽广,诚如徐雁平君《书叶之美》一文所言,"诗歌有'浪费'版面的特权"。

书无"前言""后记",但有书名所示,全诗反映的是中国劳苦大众在共产党领导下经历艰苦卓绝的斗争求得翻身做新中国主人的喜悦。由诗人创作于新中国成立不久的一九五〇年三月至五月。冀汸,这位出生在荷属东印度爪哇岛,幼年回国求学,早在"一二·九"运动中就开始诗歌创作,二十世纪四十年代初又与邹荻帆等人编辑诗丛刊《诗垦地》,一九四二年出版处女诗集《跃动的夜》,一九四七年毕业于复旦大学,以后且一直在从事中小学教育工作之余坚持文学创作的诗人,在欢庆祖国新生的日子里,一连贡献给诗坛两部诗作,除这部《喜日》,另有诗集《有翅膀的》由上海泥土社

《喜日》书影

出版。

诗人自己非常看重这部《喜日》。一九八一年十月一日，冀汸在写给诗人邵燕祥的一封信中谈及写诗这种"创作劳动"是探索、是捕捉，没有诀窍，没有成法。其中也谈到了这部让他偏爱的《喜日》。诗人邵燕祥也极看重这封信，曾以《冀汸谈写诗》为题作文且录入他的《晨昏随笔》一书，现据此摘录如后：

> 文学创作是探索，写诗尤甚，在多次不满意之后才偶尔能够有一次的比较满意。如果想从某一次的"比较满意"中总结出什么经验之类，作为今后写作的方法和诀窍，却又只能得到失望。一首诗有一首诗的路子，不可能或极少可能循着同一条路写出相同水平的两首以上的诗来。如果勉强这样做，其结局只能是形似，或者干脆是形式主义的，犹如懂得平平仄仄，掌握一冬二东，写出的东西固可称为"五律"和"七律"，但不一定就是诗，更不一定是好诗。诗创作是探索，更多的时候是捕捉。夏夜萤火虫似的，就在你的眼前闪烁；伸手去捕捉，也就在你的手指边，却总难抓住。如果稍为懈怠一下，它就永远过去了，再也无从追寻。当然也有"潮平两岸阔，风正一帆悬"似的写得很流畅、很顺利，不必费劲的时候，但极少这样的时候。回想起来，只有写《跃动的夜》《喜日》和《我赞美》才是这样的。我觉得，写诗这种创作劳动，比从事其他文学形式的创作劳动更艰苦一些，往往是执笔以前所花的时间，所花的精力比执笔过程中所费的时间，所费的精力翻上几番。

缘此而知，诗不能多产，好诗尤其如此。冀汸能写出《喜日》这样一部他本人都满意的叙事长诗，可谓之"十月怀胎，一朝分娩"，并不是单靠"勤奋"二字就能轻易获得的。寒斋能入藏冀汸这部《喜日》，全赖山西太原一位热心的老书友王永捷先生的鼎力帮助，同时喜获的尚有路翎的短篇小说集《朱桂花的故事》,遂作《珍藏七月》以志书缘。

(原载《崇文》二〇〇六年第四期)

《朱桂花的故事》

《朱桂花的故事》,是"七月派"最重要的小说作家路翎于新中国成立后出版的短篇小说集。一九四九年秋天,这位"热情、勤奋、富有创造力"的作家到南京被服厂深入生活,并参观访问了浦口火车机车修理厂,创作出了《朱桂花的故事》《"祖国号"列车》等一批反映工人生活题材的短篇小说,杨义曾在《路翎传略》中评论道:"他笔下的劳动人民,不再是郭素娥那种'肉体上的饥饿'加上'精神上的饥饿'的悲剧人物,而是新时代的劳动模范和劳动英雄了。"

一九五二年,《朱桂花的故事》作为"十月文艺丛书"之一由天津知识书店初版。集子里收入《试探》《替我唱个歌》《朱桂花的故事》《荣材婶的篮子》《女工赵梅英》《"祖国号"列车》《劳动模范朱学海》《锄地》《林根生夫妇》《粮食》十篇短篇小说。所收作品创作于一九四九年六月至一九五〇年四月间,其中多篇曾在《天津日报》的"文艺周刊"以及天津《文艺学习》上发表过。除《试探》一篇外,大都描写新中国建立初期工人群众的劳动生活场景。这些小说和路翎的这一时段其他体裁作品一样,"描写了人民阔步前进的洪流,也揭示了阻碍前进的某些精神负担"(杨义《路翎传略》),因而招致了不少非议以及苛刻的批评。但是,路翎在崎岖坎坷的创作道路上,毕竟是一位勇敢、无畏、不倦的探索者,那些非议和苛评并没能阻止他的继续追求。经修改,《朱桂花的故事》于一九五五年三月由作家出版社出版了修改本,并于书末增加一篇《英雄事业》。然而苛评之焰依然,甚至升级为声讨了。譬如巴人就曾在一九五五年第十三期《学文化》上发表了《一本反革命的小说——评〈朱桂花

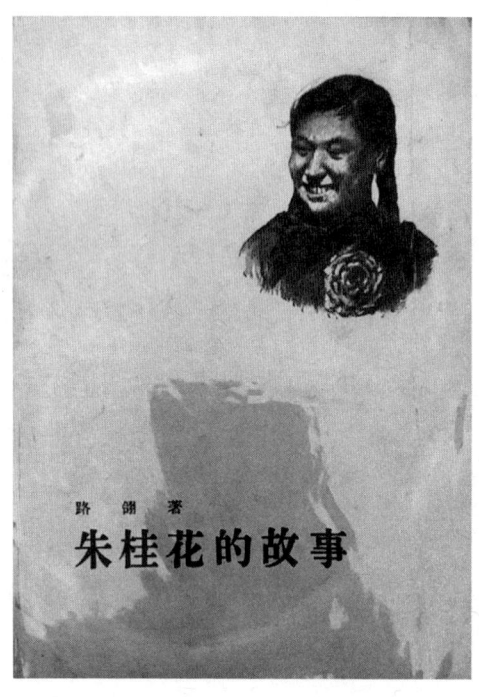

《朱桂花的故事》书影

的故事〉》，尹琪也曾在《西南文艺》一九五五年八月号上发表了《路翎的反动小说集〈朱桂花的故事〉》，此二文即为当年声讨文的代表。一九五五年六月，路翎便被当作"胡风反党集团"的骨干分子受到抄家和逮捕。自此，这位"面如满月，目似朗星"的才华超群的小说家消失于文坛长达二十余年之久，身心受到严重摧残。"兀坐不堪思往事，九回断肠寸心哀。"每一个有良知的且写好了一个"人"字的中国人，每念及此，心中都会隐隐作痛的罢。

好在历史是人民写的。文学史也是人民写的。是金子终究会闪光。潘旭澜先生主编的《新中国文学词典》（江苏文艺出版社，一九九三年三月初版），这一巨卷辞书的第四百五十六页为《朱桂花的故事》设立了专门辞目，很客观、很公允地评价了《朱桂花的故事》：小说"通过工厂生活中'伟大时代的小事情'，反映新中国工人群众提高阶级觉悟，树立主人翁精神，以及其他劳动人民思想变化的社会风貌。同时也不掩饰诸如经济困难，奸商违法，群众落后意识，工人中的旧有精神负担，干部不良作风等社会问题，表现出一个现实主义作家对新生活的清醒认识，严肃态度"。直面现实的《朱桂花的故事》当会永远屹立于新中国文学名著的碑林中。

近年以来，鄙人着意于庋藏"七月派"诗人、作家的作品集，得到外地不少热心书友的鼎力帮助。新近与冀汸的《喜日》一道入藏寒斋的一九五五年三月作家出版社初版本《朱桂花的故事》，就是由王永捷先生于山西太原南宫旧书市场淘得的。它们抖去了半个世纪岁月的风尘，正风致清绝地挺立在鄙人为"七月派"诗人、作家所设的专柜上。

（原载《崇文》二〇〇六年第六、七期合刊）

冀汸的第一部诗集《跃动的夜》

一九三九年十一月二十日的夜间,从师范学校毕业不久正在湖北宜昌西部约六十里地的一所乡间小学任教的冀汸,他眼眶里凝着欢喜的泪,手中挥着流利的笔,随和着激越的脉搏和波涛起伏的诗的激情,在桐油灯下,"一刻也不停息地"终于在"鸡声四野"的黎明时分,写完了他平生最著名的长诗《跃动的夜》。诗分七节,共三百多行。诗的笔调是写实的,写一个人在夜里由城市回到乡间所见的跃动的壮伟开阔的景象。十九岁的年轻诗人欲借此写出中国人民在抗战中的健壮的生命力。诗的最后对中国的明天寄于殷切的热望。

一个多月之后的一九四〇年一月一日,重庆出版的《七月》第五集第一期全文发表了《跃动的夜》。虽说此诗并非冀汸最早的创作(据诗人自云,他的第一首诗是为纪念"一二·九"运动而写的《昨夜的长街》,但后来怎么也找不着,只好把《跃动的夜》权当处女作),《跃动的夜》是冀汸的成名作,这应是毫无疑问的。一九四〇年一月,他写了《渡》,一九四一年一月写了《旷野》,这年的夏天,诗人又写下歌颂劳动与收获之愉快的《夏日》。随后,这四首诗由胡风编成诗集以《跃动的夜》为书名收入"七月诗丛"。其时胡风

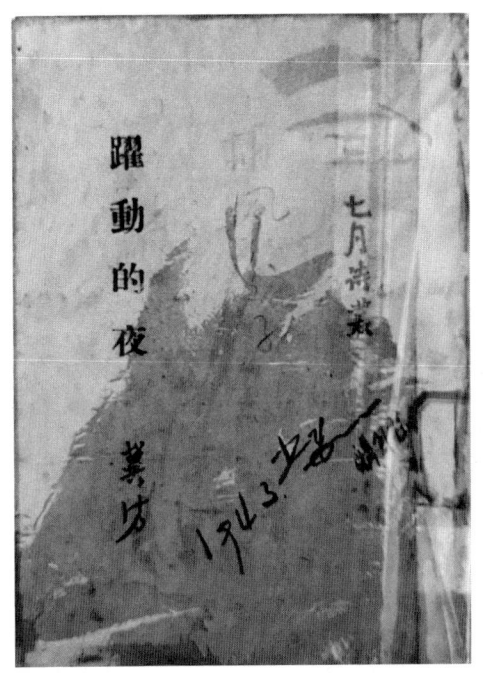

《跃动的夜》书影

为《跃动的夜》曾写下这样的广告词:"诗人所唱的是战争的童年的情绪、社会的童年的情绪,这里面是纯洁的乐观、开朗的心怀以及醉酒一样的战斗气魄。在诗人的面前,一切都现出友爱的笑容,一切都发出亲密的声音,罪恶和污秽都销声匿迹了。"一九四二年十一月,《跃动的夜》作为"七月诗丛"之一由桂林南天出版社初版。一九四七年一月,《跃动的夜》仍作为"七月诗丛"中一分子由希望社在上海再版。

"七月诗派"的诗人,不论他们的处境是如何地相异,但他们"都生活在中国的苦难的土地上,生活在中国人民的炽烈的斗争之中"(牛汉语),作为"七月诗派"诗人之一的冀汸,是以他的《跃动的夜》这部小小的诗集,走进中国现代诗歌界,走进"七月诗派"——这一"追求革命的真善美的诗人集团,一个由共产党员和共产主义者以诗为武器参加人民斗争的自愿结合的诗派"(公刘:《〈白色花〉学习笔记》)的行列中。《跃动的夜》出版后,第一个给予高度评价的是"七月诗派"诗人阿垅。阿垅在《冀汸片论》中称誉冀汸"全然不愧为众峰中巍然的一峰,而且是极勇壮的一峰"。且赞赏《跃动的夜》里的诗:"人的单纯和诗的单纯,使我们读的时候能够直接地被他所袭击,就如同狂风来了似的。多么诚实的,不必假借任何色调和任何乐器的……其实,他的诗,也已经是我们时代的一种《英雄交响乐》《命运交响乐》和《悲怆奏鸣曲》了,那战斗和狂欢的节奏,那正义向不义的舌战,那野蛮的必亡和光明的再生的预言。"倘若以大河大海来比喻冀汸的诗,诚如其笔名中之"汸"字。"汸汸",水盛貌。《跃动的夜》里的诗,真是"汸汸如河海"。

随着《跃动的夜》在《七月》的发表以及同名诗集作为"七月诗丛"之一的出版,冀汸便成为"七月诗派"的重要诗人。一九五一年,冀汸的第二部诗集《有翅膀的》又由胡风编入"七月诗丛"第二辑在泥土社出版。一九五五年,冀汸也就"理所当然"地被卷入所谓的"胡风反革命集团"一案中而成为"骨干分子",在那"非人化的灾难"中,在那极其艰苦、屈辱的逆境中,冀汸度过了一生中最好的年华。直到新的时期,"胡风集团"冤案才得以昭雪。冀汸的名誉及其人的尊严才得以恢复。近些年来,"七月派"诗人、作家的那些历经劫火,历经风风雨雨的作品集一直是我"众里寻他千百度"的搜访对象,随着岁月的变迁,这份特殊的情感愈加深厚,尤其是读了叶德浴先生《七月派:新文学的骄傲》一书之后。冀汸的诗集,寒庐藏有数种,而最为我所珍爱的即为那册桂林南天版初版本《跃动的夜》,且是那种用熟料纸印制的土纸本。那同用熟料纸印制的封面虽说已十分破旧,但内页依然还是那么柔韧耐磨,字迹还是那么清晰。封面上方那靠近书名用红铅笔从上而下赫然写着的"胡风分子"四个字,令人想见那些个年代里诗人遭逢厄运、诗集被野蛮打入另册不准公开流传的悲剧。好在"人间犹有未烧书",虽说只是八十二页的薄薄诗集,每每握在掌中,又总是那么沉甸甸的,且总是不禁想起谷林老人在《如烟非烟》一文中写下的那句刻骨铭心的话:往事哪能如烟!

(原载《开卷》二〇一一年第五期)

牛汉：从热血青年走到热血老年

一九四七年夏，牛汉为了躲避国民党反动派的追捕辗转来到上海。当时，与他一起工作的同志们都撤回了解放区，牛汉却暂时滞留上海。由于一时找不到一个糊口的差事，经常挨饿流荡，有时甚至因为没有户口，夜无宿站，只得和几个朋友从一条街走到另一条街，直到天亮。就是在这样一种痛苦与欢乐交织的感情里，牛汉一面坚持地下学运工作，一面写下一首又一首诗歌，借此投入到反内战反饥饿的伟大斗争中去。如《悼念鲁迅先生》《血的流域》等都是此一时期的重要诗篇。是年冬，牛汉按照组织安排离开上海转赴浙江天台教了四个月中学，写了长诗《采色的生活》。牛汉将这首长诗寄给了胡风，胡风非常欣赏，后来发表在北平出版的《泥土》杂志上。

一九四八年夏，在潜赴华北解放区的前几日，牛汉将在上海写的近三十首诗及手头积存且已修改的诗稿一起寄给上海的朋友郲潭封，希望他转交给胡风。诗稿转到胡风手里以后，胡风不仅认真看了牛汉的全部诗稿，有的诗还作了少许修改，并马上编入由他主编的"七月诗丛"。这部列入"七月诗丛"第二辑的诗集，一九四八年下半年就已打好纸型，却未找到敢承印的地方，直到一九五一年一月才由上海泥土社付梓。近年,牛汉在《文坛师友录》中,一往情深地回忆说:"我的第一本诗集《采色的生活》是胡风给编的……那时我们尚未谋面。我终生感激他对我的激励与理解。"

《采色的生活》是牛汉的处女诗集,第一首《鄂尔多斯草原》,既是他的成名作,又是他的代表作(牛汉自云:"这实际上是我的第一首诗")。这首长诗创作于一九四二年春天。牛汉曾在《我是怎样写〈鄂尔多斯草原〉的》一文里回忆说:"一九四二年二月尾,陇南棕黄色的山野开始透出春意。我独自梦游般跑到学校(专收战区流亡学生的一个中学)附近的荒山顶上,花了半天的时间,跑马似的写了一首近四百行的诗《鄂尔多斯草原》,第二天就投寄桂林的《诗创作》。"当时,与牛汉朝夕相处的几个朋友也都不知他写了这么一首诗。牛汉这样描述他当时的状态与心情:"我闭口不谈,像一个羞涩的秘密藏在心里,我怀着灼热的希望与忧虑,翘首编者的回音。""这首诗仿佛从我生命内部爆发出一束火光,带走了我的灵魂。"几个月之后,《鄂尔多斯草原》终于发表于诗人胡危舟、阳太阳合编的诗刊《诗创作》总第十四期,牛汉随即享誉诗坛。其实,在写《鄂尔多斯草原》之先,牛汉曾写过一首题为《西中国的长剑》的长诗,寄给重庆的《文学月刊》的诗歌编辑力扬,因结构散漫未能发表而退稿。与《鄂尔多斯草原》几乎是同时创作的长诗《阜原牧歌》,曾刊发在西安出版的土纸印诗刊《匆匆》上。牛汉说这三首诗都显示了相近的艺术情境。然而他却十分偏爱浸染了他十八岁生涯的青春血气的《鄂尔多斯草原》。牛汉偏爱此诗其实就是偏爱艾青的诗集《北方》及田间诗集《呈在大风沙里奔走的岗位们》。牛汉回忆说,他写这首诗时并不懂得文艺创作中还有现实主义、浪漫主义、象征主义等写作手法,"当时我几乎没有看过一本文艺理论书。什么是新诗,我只信任艾青与田间的诗,反复吟咏他们的诗,觉得跟着他们写下去,总会写出诗来的。艾青仿佛是个拉骆驼的人,昂首阔步,沉着地走在前头,我是一匹骆驼跟着行进,《鄂尔多斯草原》这首诗的主旋律是驼铃的叮咚声。虽然音响不够高昂与嘹亮,但也还算是可以激励前进的一种声音。"牛汉甚至用坚定的语气说:"明显地对《鄂尔多斯草原》有影响的诗主要是艾青的《雪落在中国的土地上》《北方》……《鄂尔多斯草原》的抒写手法,受了这两首诗的启迪与感染。艾青诗的那种深沉、忧郁而凝重的情调,与当时祖国民族、个人的命运十分一致。在我稚弱的心灵上,蒙古草原似乎冥冥之中能给我以雄浑的力量,成为诱惑力极强的梦境。"

牛汉最初读的两本诗集,一是胡风的《野花与箭》,一是田间的《呈在大风沙里奔走的岗位们》。后来,他又读到了艾青那本薄薄的然而其内蕴却像"北中国大地一样淳厚而宽阔"的诗集《北方》。牛汉是在艾青、田间、胡风这些"七月诗派"奠基者的直接影响之下成长起来的诗人。从风格上说,牛汉是一位充满热情、诗风粗粝的诗人。他写不出旖旎、精致、典雅的诗。他永远以生命的体验和对人生感悟构思他的诗篇,永远不服膺、不依赖任何先验的理论和理论导向,所以与胡风、艾青、田间、绿原、曾卓等师友们投缘。一九五五年,牛汉被无端指控为"胡风反革命集团"分子,第一个遭到拘捕。拘禁两年之后,开除党籍,行政降三级使用,二十世纪七十年代在湖北向阳湖五七干校劳改五年又三个月,直到一九八〇年才得以平反复出诗坛。从《温泉》《海上蝴蝶》《沉默的悬崖》《鹰的诞生》等诗集、诗作可以读出坚强的牛汉即使在那些风刀霜剑严相逼的岁月里,也未曾失去对诗、对人生的信仰。从《我仍在苦苦跋涉:牛汉自述》一书,便深知牛汉从热血青年走到热血老年,他始终没有忘记艾青、田间、胡风对自己在诗之路上的无言导引。同时,他又充分理解艾青、田间后半生在诗创作上无进展无佳作的痛苦。

寒庐所存牛汉的诗集,要数《采色的生活》入藏最迟。数年来苦苦觅求,直到二〇〇八年因了江苏淮安刘复淮书友的热心帮助才一睹此书的丰采。诗集的开本只有传统连环画

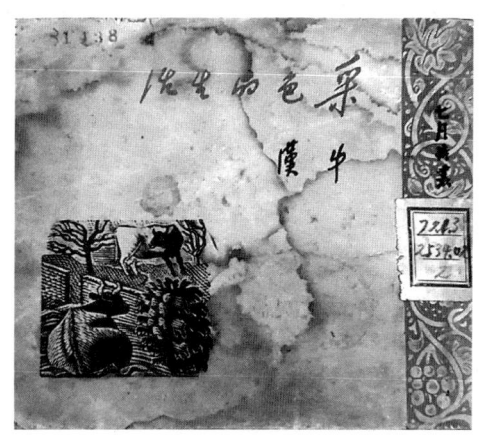

《采色的生活》书影

一般大小,封面左下角用作装饰的是英国画家拉裴留斯的木刻画。我坚信此盈掌小书的装帧设计者依然是胡风先生。因为"七月诗丛""七月文丛"都是胡风先生作封面设计,他喜欢选用西北剪纸或相关的外国画家的木刻作品作装饰。拉裴留斯木刻画的是两头牛,胡风先生这回选用来作为《采色的生活》的装饰,也许是因为这幅木刻画最能表现牛汉血性而粗粝的诗风罢。

(原载二〇一〇年七月十九日《藏书报》)

燃烧着的石榴花
——说说杜谷和《泥土的梦》

杜谷与彭燕郊、冀汸三位都是一九二〇年出生的同龄人，而且他们都是从《七月》走向抗战诗坛的"七月诗派"的主要诗人。这且不表，仅先说说杜谷和他的诗集《泥土的梦》。

杜谷，江苏南京人。一九三七年抗日战争爆发后离开故乡到四川成都，进航空机械学校读书，毕业后当了一名机械师。在全民族轰轰烈烈的抗日热潮中，开始学习文学创作，发表诗和散文。一九四〇年到重庆，在文化工作委员会文艺组工作，一九四三年考入四川大学，在地下党的领导下从事学生运动。曾发起组织川大"文艺笔会"，成都"平原诗社"，并集资与芦甸共同编辑出版与重庆《诗垦地》遥相呼应的《平原诗刊》。一九四九年一月加入中国共产党。

《泥土的梦》是杜谷二十出头时的诗作。杜谷和胡风素不相识，只是一位《七月》的普普通通的投稿者。那时，常在《七月》发表木刻作品与胡风相熟的木刻家卢鸿基与杜谷同住一楼。卢鸿基先生是一位忠厚长者，对年轻诗人倍加爱护，便从杜谷的诗稿中挑出他喜欢的《泥土的梦》寄给了胡风。不久，胡风把这首诗编入《七月》的终刊号（即一九四一年九月于重庆出版的《七月》第七集、二期合刊号）上，便离开重庆去香港。这期合刊由于胡风没有来得及亲自校对，

《泥土的梦》书影

印刷出现多处讹错,其中把杜谷的诗《泥土的梦》,在目录上误印作《鲁迅的》这样一个莫名其妙的篇名。一九四二年九月,胡风从香港回桂林后,特地写了一封信向作者杜谷致歉。同时又约请杜谷把近期的诗作辑成一集交他列入正在编辑中的"七月诗丛"。此时,如果说彭燕郊、冀汸两位已是闻名全国的"七月"诗人,杜谷则是"初来的"后起之秀。杜谷应约编成一集,并以《泥土的梦》为集名。胡风收到诗稿后,仅互相磋商修改、编目及诗稿增删等事项,就与杜谷通信联系达一年之久,最后才定稿送审。并于先期印行的"七月诗丛"中的诗集(如亦门的《无弦琴》、冀汸的《跃动的夜》等)的末页以及桂林出版的《诗创作》上刊出《泥土的梦》即将出版的预告。但谁也不曾料到,《泥土的梦》这本诗集的书稿在桂林几次送审未能通过,后来到重庆送审仍未通过,竟然遭到反动政府图书审查老爷的没收。这或许是因了诗集中收有一九四一年一月诗人"重庆病中闻皖南事变"于悲愤中写下的《寒冷的日子》以及诗人于"重庆近郊遥望红岩村"写下的《山坡》这两首诗着实刺痛了国民党反动派假抗日真反共那根神经所致罢。抗战胜利后,当一九四四——一九四五年在重庆出版的《希望》一、二集在上海重印,第一集一至四期的封底所刊以"杰出的新作家,优秀的新作品"为题的出之于胡风之手的新书预告中依然列有《泥土的梦》,对这本诗集,广告语是这样说的:

深深的没入了地母的呼吸、气息、希望、欢喜,以及忧伤与痛苦,诗人才能够唱出这样深沉的大地之歌。这样的歌,只有深爱祖国的诗人,善良到像土地一样坦白的诗人才能够唱出的。

预告中甚至还有"纸型陆续运抵上海翻印出版"的字样,但是被反动政府图书审查当局没收的书稿毕竟像泥牛入海,《泥土的梦》终究还是没能出版上市。加之诗人当年是

《泥土的梦》扉页

《七月》诗作者中的新锐以及与胡风频繁的书信往来，杜谷后来又可谓是因诗罹祸。《泥土的梦》这一早已辑入"七月诗丛"的诗集又从此没有了消息。

由于胡风先生的推举，亦由于闻一多先生的推举（闻一多编《现代诗抄》选入《泥土的梦》《江》《车队》《巷》之后，海内外不少选本都选了，或从《现代诗抄》转选了杜谷的诗），杜谷获得了盛名。但遗憾的是，爱诗者极少有人见到《泥土的梦》这一书稿的全豹，仅能借助《白色花》（绿原、牛汉编，人民文学出版社，一九八一年八月初版）、《七月诗选》（周良沛编，四川人民出版社，一九八四年七月初版）两部诗选集吟诵早经杜谷辑入诗集里的《泥土的梦》《江》《车队》《巷》《写给故乡》《山坡》《寒冷的日子》《夜的花朵》以及后来新作《初起的爱》《我的苇笛》这有限的几首诗以煞诗瘾。

一九八六年五月，湖南文艺出版社印行一套凡九种一个印张骑马钉装订四十八开小本均由周良沛作《集后》的《袖珍诗丛·新诗钩沉》丛书，其中就有杜谷的《泥土的梦》。诗集仅收十二首小诗，依次为《泥土的梦》《写在一个人的墓前》《江》《车队》《巷》《市街》《寒冷的日子》《山坡》《夜的花朵》《好寂寞的岸》《炊烟》《雷雨》。如今的这本《泥土的梦》，是在作者没有底稿，也无原纸型校样的情况下，根据《七月诗选》中的《〈七月诗丛〉所编各集目录》中所列《泥土的梦》之详目，由诗人的朋友们提供的报刊剪报抄选编成。真是多亏了诗人的朋友们！多亏了好心的出版家！一本一九四二年编成，选收杜谷二十二岁之前创作丰收期的诗作经历坎坷的诗集"历数十年，经众人手，始成一集正式面世，也可以掌故存之；只是太沉重"。（朱健《〈新诗钩沉〉九种》）也诚如周良沛在《集后》中所说的，"诗集虽然过去一直未出，其中有些诗的生命力却胜过某些早已印成集子的诗篇"。"在苦难的年代，诗人以泥土的梦写祖国的梦，人民的梦，而昨日的梦已成为今日的现实时，由于诗人以自己的艺术个性表达了自己独特的感受,这艺术也就不会随着过去了的历史而消失她的生命。昨日的梦既然在今日可以成为现实,那么昨日被反动政府图书审查当局扣发的书,我们是毫无疑问的应该交给今日的读者。"

早在一九八三年八月,杜谷的诗友,诗人罗洛就写有《杜谷和〈泥土的梦〉》一文。罗洛先生在文中写到一九四六年他曾于杜谷手边见到一个"用白纸订成的本子,作者用清秀的字手抄的诗集《泥土的梦》……后来,又几经动乱,这部手稿也终于散失了"。罗洛先生还写道:"也许有一天,我们会读到一本新编的《泥土的梦》——我这样期待着。"和罗洛先生怀着同样期待心情的我们,如今终于能拥有一册新编的《泥土的梦》,终于能欣赏到诗人杜谷二十岁出头写于抗战最艰苦年月的那些依然像一束"带着露珠的石竹花",或者依然像一树"在阳光下燃烧着的石榴花"一般的战斗的小诗了。虽然说,她只是一本仅有十二首诗不足四十页的小小的诗集。

(原载二〇一六年二月十五日《藏书报》)

胡风为『初来的』诗人编诗集

　　胡风主编的"七月诗丛"第一集里面，有一本《我是初来的》，是多人合集。此集收辛克、侯唯动、鹿地亘、雷蒙、绿川英子、又然、林稍、钟瑄、山莓、鲁沙、白莎、艾漠、徐明、罗冈十四人的诗。胡风说："这是《七月》里面不能单独成集的诗人的选集。"胡风还特别说明，这十几名诗人都是一首至多两首的诗人，除了鹿地亘，"就都是初来的，至少在诗上是初来的"诗人。书名《我是初来的》，取自诗集中钟瑄的同名诗，自然就有着双关的意义，因为这些诗人大多为第一次走上诗坛和读者见面的。

　　在编《我是初来的》这本多人合集之先，胡风就已经为"初来的"新人结集编定过多种个人专集，如天蓝的《预见》、孙钿的《旗》、冀汸的《跃动的夜》、绿原的《童话》、鲁藜的《醒来的时候》等。胡风与这些青年诗人，有的是只通过信从未见过面，甚至有的连信都没有通过一次。在一九四二年初至一九四三年三月这一年时间里，胡风一直住在《诗创作》月刊主编之一胡危舟的家中。胡风回忆说，这一时段"耳朵里听到的多半是谈诗，来访的客人多是诗人，来信的也多半是写诗的，桂林是诗人荟集之地，加之我又在编'七月诗丛'，所以我就起意编一本青年诗人集，取名为《我是初来

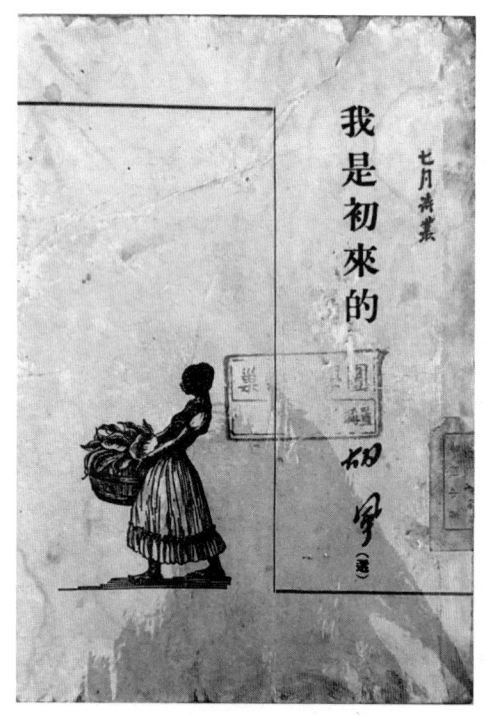

《我是初来的》书影

的》"。一九四二年五月三日这一天,胡风兴奋地写信告诉青年小说家路翎说:"我在为过去在刊上发表之无名作家(即尚未成名人的作者,只有一二首的作者)选一选集。"据胡风回忆,《我是初来的》送审后,却被退回,批语是"不合抗战需要"。后来,胡风将诗集改名为《自己的催眠》(诗集中有艾漠作同名诗),再送审,仍没能通过。最后,胡风于胡危舟家中(胡称之为"听诗斋")为《我是初来的》写了四千余言的长序,即《四年读诗小记》,加上副题,说明是《我是初来的》代序并作为"七月诗丛"的引言在《诗创作》第十四期上发表了。胡风在"代序"中以诗人之笔首先说到主编"七月诗丛"的动因:"一些既成的诗人开始了壮丽的歌唱,读者投寄的诗稿渐渐现出可惊的数量了。人们底情绪开了花,感觉最灵敏的诗人又怎样能够不经验到情不自禁的(按:原文如此),一触即鸣的心理状态呢?诗,多起来了,更多起来了,更多起来了。这固然使编辑先生们摇头叹息,但另一方面,像投身极目蓁莽的春野,如果心情稍为舒畅一点,低下头看一看,却正可以随时发现色香怡人的使这大地生光的花朵的。就我自己说,作为一个原稿底读者,常常感受了一种喜悦感底袭击。"于是产生一个念想在"七月丛书"里面"特别把诗分开,想单独地用一个诗丛和读者相见"。至于要在"七月诗丛"中为"《七月》里面不能单独成集的诗人"编一个合集,胡风叙说了两点"原因",其一,"诗底发展应该是一条大河,我们这一点工作也许不过是一条山涧甚至一条泥沟,但如果摒弃了一切山涧和泥沟,大河就只好枯绝……如果诗底生命是人生战斗底凝晶,那么,这些从生活深处发现的初来者底歌声,它们底诚实,它们底质朴,它们底粗犷,也许正值得诗人们一顾"。其二,"诗人底声音是由于时代精神底发酵。诗底情绪的花是人民底情绪的花,得循着社会的或历史气候:开了的要谢,要结果,而新的要发芽,要含苞,要开放,而它们也要谢要结果……这说明了诗人底生命要随着时代底生命前进,时代精神底特质要规定诗的情绪状态和诗的风格"。

从这一本，我们就可以感到人民底觉醒状态和觉醒方向，也可以感到诗的风格是怎样地现出了不同的内容。于是，作为"七月诗丛"主编的胡风就欢欣地"邀请这些诗人同席了"。至于《我是初来的》后来是如何送审通过的，胡风不外乎又是要南天出版人私下向审查老爷送了礼。

一九四三年十月。《我是初来的》这本被胡风誉为"有如一个花环，每一朵都现出特有的色彩，都发出特有的香气"的诗集，由桂林南天出版社初版，土纸印，是那种素面朝天的小三十二开本。是年年底，已再返重庆的胡风收到桂林南天出版社寄来新出的诗集《我是初来的》和艾青的诗集《北方》，很是欣慰，说这是这几个月来最令人高兴的事，就像鲁迅先生收获了"奴隶丛书"那样。记得前些年有人在湖南长沙《书屋》杂志上撰文论及胡风是一位"从人格、精神、事业、思想上全面地吸收、感应着鲁迅，将之完全融化成了自己的血肉"的继承者，并说《七月》"就是胡风继承鲁迅精神的标志性的结晶体"。其实，胡风主编的"七月文丛""七月诗丛""七月新丛"又何尝不是这种"结晶体"呢！

胡风在《四年读诗小记》中还曾说及十几位"各自从生活底深处唱出了真诚的声音"的"初来的诗人"，并不是那以后都走上了诗人的道路，有的沉入了艰巨的实际战斗，有的被困苦生活所淹没，有的就此嘎了歌喉。在我的印象中，《我是初来的》一书中的《斗争，就有胜利》一诗的作者侯唯动，《自己的催眠》、组诗《跃进》的作者艾漠（即贺敬之），他们一直在诗人的道路上坚定不移地走到今天。侯唯动的诗，由周恩来从延安带到重庆交由胡风发表在《七月》上。一九四八年七月，侯唯动于东北书店牡丹江分店同时出版了诗集《红头巾》及长篇叙事诗《黄河西岸的鹰形地带》。二十世纪五十年代初，他和"七月诗派"诗友们成了"胡风分子"。但侯唯动终于在历尽摧残之后顽强地活了下来，晚年出版了诗选集《战斗的青春》，胡风为之写了以《斗争的青春》为题的序言。一九五一年九月，由于胡风的无私帮助，贺敬之的诗集《并没有冬天》收入"七月诗丛"第二集,在上海由泥土社出版。在一九五五年那场反"胡风集团"的运动中,贺敬之也被卷入政治旋涡,要他交代与"胡风集团"的交往细节,其刚刚出版不久的诗集也背上了"与胡风思想有着某种契合的一致性"的罪名而遭到无情批判。但不知怎的,近年来,有的研究"七月诗派"的学者却有意无意地让艾漠淡出"七月诗派",甚至只字不提贺敬之早年与"七月诗派"的紧密关联,这就有违唯物史观,且有悖新文学史实了。最近上海友人韦泱在《开卷》第十一卷第四期发表了《"七月诗派"不该漏了贺敬之》一文,指出:"我们当本着尊重历史的态度,以文本史料为依据,从文学史的角度,还其(指贺敬之——引者注)七月诗派诗人应有的地位。"这无疑是正确的。早在一九八四年,四川人民出版社出版的周良沛选编的《七月诗选》就已选入了艾漠的《自己的催眠》及其组诗《跃进》,而《跃进》组诗至今依然让那些《七月诗选》的健在者所爱诵而难以忘怀。此二例便可证明七月诗派遗漏了贺敬之是不完整的。我还想借用胡风的话说一句,侯唯动、艾漠是"七月诗派"这个"花环"中的"现出特有的色彩,发出特有的香气"的两朵花。

经历了六十多年的岁月沧桑,加之又有了那样一些焚琴煮鹤的荒谬年代,《我是初来的》南天初版土纸本以及一九四七年五月上海希望社的再版本,如今恐已成为珍罕之物了。幸而有了《藏书报》这位"红娘"而得以结识了几位外地诚信书友,他们中的一位为我寄来一册沾濡历史风尘且书品甚佳的再版本。胡风先生为《我是初来的》再版本(藏书界习称"七月诗丛"战后版)重新设计了封面,封面画选自美国画家 IISE Bis-chiff 的木刻。这幅封面近年曾入选姜德明先生编著的《书衣百影》以及香港中文大学图书馆系统出版的《书影留踪——中国现代文学珍本选》二书,可见它早已是新文学版本的经典书影了。

(原载二〇一〇年九月六日《藏书报》)

叶灵凤的《香港方物志》及其版本略谈

叶灵凤于一九三九年定居香港,一九七五年逝世,这几十年里,他已经几乎不再写那种早年以浪漫情调而闻名的现代小说,而只写随笔小品,晚年更以专栏作家为职事。他坐拥书城,也喜藏香港书,读香港书;他写了很多读书随笔,也写香港民俗、掌故、风物一类的小品。

关于香港的民俗、风物、掌故的知识小品,叶先生先后结集成书的,有以"叶林丰"为笔名出版的《香港方物志》《张保仔的传说和真相》。以"霜崖"笔名出版的《香港旧事》。而最出名的或许要数《香港方物志》了。二十世纪八十年代,我在《读书》杂志上读到姜德明先生的《书叶小集》专栏,其中就有评介叶灵凤后期散文的篇章。幸运的是,在后来的访书日子里,承蒙三联书店郑州分销店对爱书人的眷顾,我购藏到生活·读书·新知三联书店一九八五年十二月初版的《香港方物志》。书由叶雨作封面设计,书装淡淡,素雅至极。目录页之前有香港各类方物插图二十余帧,正文前有作者写于一九五六年七月十二日的香港初版《前记》和写于一九七〇年新春的《序新版〈香港方物志〉》,全书一百余篇散文随笔,每篇都在千字左右。通读一过,真不得不佩服作者的阅历与知识的丰赡,同时更从作者清新、隽永、雅洁的文字以及蕴蓄在文字里的殷殷情愫感受到他对祖国、对香港的强烈的乡土之爱。而且还让人们感到,叶灵凤受平生所最爱读、最推崇的淮德《塞尔彭自然史》一书的影响是如此之深。故此,香港作家黄蒙田对《香港方物志》曾有这样的评价:"我很喜欢这本集子里所写和香港自然风物有关的文章,它不是过分理性的'科学小品',它有科学根据,更通过大量中国古代和近代外国人写的方志、博物志、笔记和游记撷取了可靠的资料,用文艺性的小品文形式表达,因而它是文艺作品。文章写得平易可亲而言之有物,就像对朋友娓娓而谈那样毫不做作"(《小记叶灵凤先生》)姜德明先生也认为叶灵凤的这些小品"从艺术上看,可以说已经达到炉火纯青的地步"。

关于《香港方物志》的版本问题,生活·读书·新知三联书店版《香港方物志》扉页背面上方有如下两行版本说明文字:

本书于一九五八年由香港上海书局初版。
现据一九七〇年新版重排。

很长一段时间,我对这两行版本说明可谓坚信不疑,也一直沉浮书海寻觅是书的所谓"香港上海书局初版"。直到近期幸得河北张家口高立远书友的帮助,收藏到一册《香港方物志》的香港最早版本,即署名"叶林丰",由香港中华书局股份有限公司于一九五八年十一月出版的最早版,先前的那种"坚信不疑"也就荡然无存。如今有实物在,生活·读书·新知三联书店的那两行版本说明文字理应改成:

本书于一九五八年由香港中华书局初版。
现据一九七〇年香港书局新版重排。

建议这样改的理由,除了有实物在,叶灵凤的《序新版

〈香港方物志》》还有如下一段文字可证：

> 可惜初版本书出版时，作者未曾有机会亲自校阅，本来应该附有若干插图的，也未及附入，这样倏忽之间已经过了十多年，自己一直引以为歉。这次改由上海书局出版，承他们给我改订的机会，将内容略作修正和删改，并增加了一些新的材料，以便能配合时代的进展，同时更按照原定计划，附入若干插图，使本书能以新的面目与读者相见。

若是北京三联版《香港方物志》的责任编辑在校读书稿时顾及上述引文中的"这次改由上海书局出版"这句话，大概也就不致弄出那两行错误的版本说明文字了。或许他们当年没见到《香港方物志》的最初版本。

叶灵凤先生是一位很严肃很负责任的作家。关于香港上海书局新版对香港中华书局初版在内容上所作的"修正和删改"，值得一说的实在不少。为节省篇幅，这里就不细说了。尽管北京三联版《香港方物志》扉页背面出现了那两行错误的版本说明文字，但毕竟瑕不掩瑜。无论是版本价值还是阅读价值，应该说都是一本不可多得的好书。可惜这个版本初版时仅印五千八百本，至今仍有不少书迷深为不能得藏一本为憾。建议北京三联将此书收入"三联精选"予以重版，并切盼重版时勿忘改正那两行错误的版本说明文字。

（原载二〇〇五年一月十七日《旧书信息报》）

像子弹一样呼啸的诗
——田间叙事诗《她底歌》的创作与出版

在胡风主编的"七月文丛"里,有三种诗集,按出版时间先后,依次为田间的长篇叙事诗《她也要杀人》(后改为《她底歌》)、鲁藜的叙事诗集《锻炼》和绿原的政治抒情诗集《又是一个起点》。

《她也要杀人》是田间在抗日烽火岁月里创作的三部诗集之一。另两部为《给战斗者》(一九四三年十一月桂林南天出版社初版,"七月诗丛"之一)、《呈在大风沙里奔走的岗卫们》(一九三八年七月生活书店初版,列丁玲主编"西北战地服务团丛书"第八种)。

一九三八年春,田间随西北战地服务团来到古城西安逗留近三个月时光,诗人抓紧这一空隙,根据自己在"战地的见闻",创作了《她也要杀人》。《她也要杀人》这部叙事长诗写我国北方的一位乡村妇女——白娘,在日寇入侵,房屋被烧,儿子遇害,自己遭日寇蹂躏的悲惨境遇里克服了死的欲念,在冲天大火里从窗口抓起一把刀子,呼啸着"我要杀人"奔走在旷野上。在抗敌斗争中,她从自发逐渐进入自觉,从为个人复仇提升到为乡亲复仇,真实表现了日寇的残暴和中国人民的不可征服的力量,也逼真绘就了中国北方人民英勇抗击日寇可歌可泣的宏伟画卷。毫无疑问,《她也要

《她也要杀人》书影

杀人》与《给战斗者》《呈在大风沙里奔走的岗卫们》三部诗作，在田间生命史上占有极重要的位置。胡风晚年仍一如既往地嘉许《给战斗者》和《她也要杀人》。他在《〈胡风评论集〉后记》中就曾说，长诗《她也要杀人》"歌颂了在斗争中成长为英雄的农村妇女。这样的反映了战争旋律的长诗，是能够谱成雄壮的交响乐的"。

《她也要杀人》一诗的落款时间为"一九三八年五月三十一日二次稿于西安"。不久，田间将诗稿寄给了正在武汉编《七月》的胡风，并在六月二十日的信中，恳请胡风多提批评意见。然而，《她也要杀人》与读者见面却是在四年之后。一九四二年五六月间在桂林出版的《诗创作》月刊第十一期全文发表了《她也要杀人》，这一期为"长诗专号"。此时的田间已经是出版了《未明集》《中国牧歌》《呈在大风沙里奔走的岗卫们》等三部诗集和一部长诗《中国农村底故事》的颇有名气的诗人。况且胡风在《中国牧歌》的序里面称田间这位在"斗争的火焰"里成长起来的少年诗人是"战斗的小伙伴"，而且民族革命战争就需要这样的"战斗的小伙伴"。但《她也要杀人》发表之后，田间又再次受到了批评。此前，田间的《给战斗者》在《七月》发表以来，一直受到当时延安的张振亚的攻击与非难，理由是田间的自由体诗表现的"不是民族形式"。而"七月诗派"文艺理论家吕荧却表示了不同的看法。吕荧称艾青、田间这两位在抗日烽火中奋起的诗人是"人的花朵"，并盛赞田间站在已经来临的大风暴前面，"跃过了一切的形式的藩篱""创造了新的诗的形式"。但张振亚当时毕竟是代表延安在发议论。最终，田间向"五言体"屈服，写出了五言押韵的长诗《赶车传》和《亲爱的土地》等诗作，不过这已是一九四三年之后的创作了。在闻一多先生眼中，田间最好的诗作都写在一九四二年以前。闻一多先生夸赞田间为"时代的鼓手"，其实是称誉田间写于一九四二年以前的诗。一九八五年八月三十日，田间逝世，孙犁于九月二日在《悼念田间》一文中说："抗战八年，田间在诗人中，是一个勇敢的、真诚的、日以继夜、战斗不息的战士。近年来，可能有人对他陌生，甚至忘怀。但是，他那遍布山野村庄，像子弹一样呼啸的诗，不会沉寂。"这说明孙犁喜欢的是田间早年的，尤其是像子弹一样呼啸的《给战斗者》《她也要杀人》那样的自由体诗。

《给战斗者》收入"七月诗丛"于一九四三年十一月桂林南天出版社印行之后，胡风又拟将《她也要杀人》收入"七月文丛"。胡风原构想把《她也要杀人》和《亲爱的土地》合印一本，但又虑及后者是"受了张振亚之流的威吓以后写的"，失去了田间《给战斗者》等早期诗作蕴含的"特有的东西"（参见胡风一九四五年一月二日寄自重庆的致田间的信），最终，胡风只把《她也要杀人》一种收入了"七月文丛"，于一九四七年二月由海燕书店初版，印二千册，一九四九年十二月再版，又印二千册。书为三十二开，胡风亲自设计封面，书名是胡风用燃过的火柴杆书写的，作者名用的是田间签名手迹，选用了一幅苏联木刻作装饰。姜德明先生编著的《书衣百影续编》选入了《她也要杀人》的封面。封面极有冲击力，与诗的内容十分切合。无怪乎姜先生感叹："负剑的斗牛，亦能引起读者心灵的震撼。"只是不知"引起读者心灵的震撼"的"七月文丛"之一的《她也要杀人》如今存世尚有几册。因为两次印刷仅仅四千册，何况又是胡风主编的书。自"胡风案"之后，胡风主编的期刊、丛书不仅藏家难得一见，即使是"七月诗派"的研究者也难得一见。胡风的女儿晓风二十世纪九十年代曾在《新文学史料》发表过《胡风和〈七月〉〈希望〉撰稿者》的连载文章，在"田间"条下误将《她也要杀人》归入"七月诗丛"（参见《新文学史料》一九九四年第一期、第二〇五页）。还有《胡风全集》（湖北人民出版社，一九九九年版）第九卷第五百四十二页、第五百四十三页两个页码的注释也都误将《她也要杀人》归入了"七月诗丛"。这里我们不能责怪晓风女士以及《胡风全集》的注释者，手边无实物说话，难免说错。

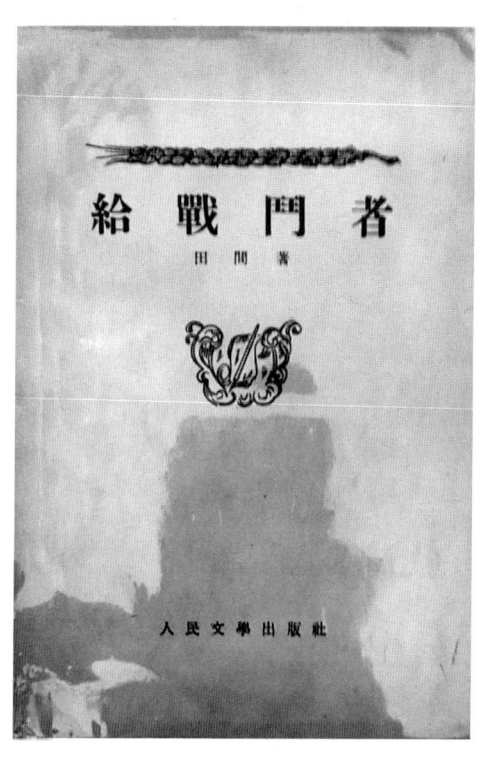

《给战斗者》书影

一九五四年，田间对《她也要杀人》又作了较大的修改，且改名为《她底歌》，收入当年六月由人民文学出版社印行的《给战斗者》增订本中（在此有必要指出，刘献彪主编、中国文联出版公司一九八七年八月初版《中国现代文学手册》一书《中国现代重要作家生平著作年表》的"田间"部分"一九四七"一条的表述显系错谬。《她底歌》是没有单行本的）。此增订本，除"小引"外，诗集共分八辑：一、给战斗者及其他；二、荣誉战士及其他；三、街头诗一束；四、小叙事诗束；五、"祝山"外一篇；六、我底田园；七、她底歌；八、柏树。田间晚年在《田间自述》中说，一九五四年二月十八日对《她也要杀人》的修订是"最后的定稿"。一九七八年九月，人民文学出版社又印行了《给战斗者》的第二版，田间为这个"第二版"写了《〈给战斗者〉重印后记》。此版并非一九五四年版的简单重印，其最大的不同是抽去了第八辑。诗人于一九五七年十二月曾写有《写在〈给战斗者〉的末页》一文（据此判定一九五四年版《给战斗者》曾于一九五八年有过第二次印刷），文中有这样一句话："长诗《给战斗者》，虽然有许多读者喜欢它，它不过是一个'召唤'罢了。我召唤祖国和我自己，伴着民族的号角，一同行进。我的希望，是寄托在人民身上。《她底歌》，是一个斗争的记录。"这说明田间自始至终是非常珍视这部长诗的。《她底歌》确确实实是我们中华民族这头"负伤的斗牛"在八年血与火的抗战中斗争的记录。

（原载二〇一五年八月三日《藏书报》）

从《诗垦地》走向诗坛的"七月"诗人

一九三六年,鲁迅先生逝世。那一年绿原正读初中,他正迷鲁迅先生的散文诗集《野草》,后来《朝花夕拾》《呐喊》《彷徨》以及一本本的杂文集,把绿原一步一步引向了"广阔而深奥的文学",更引向了"广阔而深奥的人生"。

"七七"事变爆发,武汉等地沦陷,绿原变成了孤儿。在流亡途中,绿原"开始接触蒺藜和陷阱构成的社会",并开始学着写诗了。此时,重庆复旦大学一群学生诗人拿出自己微薄的所有编印了一份《诗垦地》的丛刊。已在复旦大学念书的绿原也在此时结识了《诗垦地》的一群朋友——邹荻帆、姚奔、曾卓、冀汸、阿垅、冯白鲁等。在《诗垦地》的日日夜夜,是绿原开始诗歌创作的起始阶段。

《诗垦地》的创办,时值国民党反动派的第二次反共高潮,国统区文艺界十分萧条,进步刊物纷纷停刊。《诗垦地》的横空出世"可以说是寒露、霜降以后相当惹眼的一丛野雏菊"。《诗垦地》丛刊先后依次出版了《黎明的林子》《枷锁与剑》《春的跃动》《高原流响》《滚珠集》《白色花》六辑,里面发表的每一首诗都可以说是"照亮黑夜的一粒萤光"。几十年之后,绿原在回忆《诗垦地》这份刊物的时候,他总是深情地说,《诗垦地》是陪伴他在诗歌创作道路上起跑的刊物。而朋友邹荻帆是他的第一位引路人。

一九四二年，胡风从香港回到桂林。胡风在由邹荻帆寄给他的《诗垦地》上读到绿原的诗作，三年中一直在默默关注着绿原的《七月》主编已深深体察到这位诗人经过几年磨练，已经成熟了。尽管在此之前的一九三九年，绿原曾给胡风投寄过一篇诗稿，但终因他的习作是"从概念出发，还没有化成诗"这一原因，胡风给他退了稿，并且写了鼓励信。虽说《七月》早已停刊，可胡风正在着手编印"七月丛书"，就从桂林写信给邹荻帆，约绿原编一本诗集加盟"七月丛书"。于是绿原将在邹荻帆、姚奔主编的《诗垦地》，胡危舟、阳太阳主编的《诗创作》，靳以主编的《国民公报》"文群"副刊等报刊上发表的诗作中选出二十首加以整理寄给了胡风。经过胡风这位一贯热心培植新诗的文学理论家和诗人的精心编校，绿原的第一部诗集《童话》于一九四二年十二月由桂林南天出版社初版。一九四三年，又因另一位"七月"诗人阿垅的引荐，绿原见到了敬仰已久的胡风先生。后来又多次见到胡风且面聆教诲。

作为"七月诗丛"之一的《童话》出版后，它的新鲜意境和稚拙风格立即引起了读者们的好感。而十八岁的诗人自己却并不因此而满足。他认为《童话》里的那些"梦幻式的小诗"不过是"试图用自己编织的童话弥补命运的缺憾"以及用了朦胧的语言表达了当时同他一样涉世未深的青年们的苦闷和追求。"原始的童音是不能持久的"。不久，绿原读到了冯雪峰的《灵山歌》。绿原被《灵山歌》的作者"仿佛是在用隐显墨水写作的深沉风格"震撼了。他发现，诗还有其更广阔的未开垦的荒地。

抗战胜利前后，正在川北岳池县一所私立中学教英语的绿原写了好几首政治抒情诗，如《给天真的、乐观主义者们》《终点，又是一个起点》《悲愤的人们》《复仇的哲学》等。此时，绿原的诗已脱尽了《童话》时期那种空幻、朦胧的气质，而是寓热情于冷峻，化呼号为论战，直面人生和现实中的丑恶短兵相接。这些气势恢宏的既有惠特曼《草叶集》式的长行,又有鼓点般急骤短句的政治抒情诗先后由胡风编入《希望》里发表了。因此绿原在晚年所写的《胡风和我》一文中说:"我没有赶上《七月》,却赶上了《希望》,高兴得像胡风在'编后记'里说过的一只翻过巍峨的土丘仰望蓝天的小蚂蚁。"一九四八年十月,绿原的第二部诗集《又是一个起点》由上海青林诗社刊行,收政治抒情诗七首,为"七月文丛"之一。胡风为之设计封面,取苏联木刻《国内战争之一幕》为书面装饰。一九四九年十二月,此诗集又由海燕分店再版,仍为"七月文丛"之一。牛汉称这部诗集是抗战胜利前后国统区斗争最惨烈的那几年历史和人民情绪的真实记录,"不论从主题还是从形象、节奏看,都具有庄严、深厚、飞跃的特点,真实地再现了时代的精神"。在罗惠、牛汉等人的回忆里,这些政治抒情诗,在当时国统区反内战、反饥饿、反压迫的学生运动群众集会上,都曾广泛地被传诵,深深鼓舞了人们的斗志。亦因为这部诗集,胡风认为绿原是后期"七月诗派"的代表。因此也可以说,《又是一个起点》是绿原走向"七月诗派"行列的标志诗集。

由胡风编入"七月诗派"第二辑的《集合》,乃绿原的第三部诗集。这个集子共收短诗七十余首,最早的写于一九四二年,最迟的写于一九四九年,创作时间跨度历时七年。此诗集早在新中国成立前夕即已打好纸型,但由于诸多原因,延迟至一九五一年一月才由上海泥土社出版。这部表现了"旧中国性格的沉重负担的一面和英勇突进的一面"的诗集,如同《又是一个起点》,亦是绿原诗歌创作走向真正成熟的标志诗集。诗集中有一组《踏青小集》,其中有一首题名《诗人》的小诗:"有奴隶诗人/他唱苦难的秘密/他用歌叹息/他的诗是荆棘/不能插在花瓶里/有战士诗人/他唱真理的胜利/他用歌射击/他的诗是血液/不能倒在酒杯里。"牛汉可谓绿原的知音,牛汉认为绿原的诗里从来就没有过"甜蜜的素质",有的只是"荆棘"和"血液",绿原既是奴

《又是一个起点》书影

隶诗人，又是战士诗人。"荆棘"和"血液"是绿原诗风的精髓所在。绿原在诗之路上，不仅用笔写诗，而且用生命来写诗。他曾在《诗与真》中庄严宣称："人必须用诗找寻理性的光/人必须用诗通过丑恶的桥梁/人必须用诗开拓生活的荒野/人必须用诗战胜人类的虎狼/人必须同诗一路勇往直前/即使中途不断受伤。"诚如北京大学孙玉石教授在二〇〇九年十一月二日绿原追思会上的发言中所说的："在他的新诗创作追求中，一直存在着一种永久性的艺术精魂，用最简单的词概括起来说，那就是：哲理、悲情、至美。哲理表现为对现实与人生的睿智沉思；悲情诉诸为对人民大众悲悯深爱的襟怀；至美则蕴藉于不倦追求诗歌深潜性与明朗性结合的至善与唯美。"最后我想套用诗人的女儿若琴女士怀念她父亲题为《又是一片碧绿》一文的最后一段来收束这篇小文，并以此纪念这位已离开我们一年多的"七月"诗人：

诗人像生长在大地上的野草：狂风肆虐时，匍匐于地，但狂风拔不起它深埋于地下的根；野火显威时，野草身躯焦烂，但内心仍然存留着生命的希望，春风吹来，又是一片碧绿。

（原载二〇一〇年十一月十五日《藏书报》）

辑
二

《新文学碑林》中的瑕疵

一九九八年,人民文学出版社在原有的"中国现代文学作品原本选印"丛书的基础上,又重新策划出版了分辑的"新文学碑林"丛书。"出版说明"云:"为了显示新文学的成果和发展轨迹,我们选择在现代文学史上有影响、有地位的作品原集,汇编成这套'新文学碑林',这里面每一种书都是新文学发展历程中的一个路碑……回顾这一碑林,也是对新文学前驱者的永久的纪念。""出版说明"中还说,编这套丛书旨在为中国文学史的教学与研究提供一套精良的参考资料,为文学爱好者提供一套珍贵的文学读本,为今天的年轻人了解那个虽然陌生却多彩的时代提供一个园地。毋庸讳言,人文社若不违初衷而肯下大力气出好"碑林",我们理应为此而大感欢欣!

然而一见实物,人文社立下的宏愿却要打些折扣了。何以这样说呢?笔者手头正有这"新文学碑林"第二辑里的叶永蓁的《小小十年》,对照"出版说明"所许下的诺言,实在有些名实不相符。

《小小十年》是叶永蓁的长篇自传体小说,一九二九年九月由上海春潮书局出版。初版本有鲁迅先生于一九二九年七月二十八日为该书所作的"小引",书末有作者于一九二九年六月十五日写的"后记"。当时的叶永蓁是位初出茅庐的文学青年。鲁迅先生像对待柔石的中篇小说《二月》一样,对这部长篇小说予以了深切的关注。对于这样一部"以一个现代的活的青年为主角,描写他十年中的行动和思想"的小说,鲁迅先生在"小引"中指出:"这部书的成就,是由于曾经革命而没有死的青年。我想,活着,而又在看小说的人们,当有许多人发生同感""至少,将为现在作一面明镜,为将来留一种记录"。同时,鲁迅又指出小说的不足的一面:"旧的传统和新的思潮,纷纭于他的一身,爱和憎的纠缠,感情和理智的冲突,缠绵和决撒的迭代,欢欣和绝望的起伏,都逐着这'小小十年'而开展""从本身的婚姻不自由而渡到伟大的社会变革——但我没有发现其间的桥梁"。因此,《小小十年》又是"一部感伤的书,个人的书"。今天的年轻人,对于这陌生的《小小十年》,若不读一读鲁迅先生为其写的小引,不了解鲁迅对这部小说的恰如其分的分析,恐怕是读不懂或难以读懂的。但是,手头这部"新文学碑林"丛书之一的《小小十年》,却无端地被人文社删除了作者的"后记",更舍弃了鲁迅先生的"小引",实在是令人不可思议。

叶永蓁原是黄埔军校第三期学生,因极不满蒋介石、汪精卫的倒行逆施而走上同情革命的道路,并写出了《小小十年》这部有进步意义的作品。在新文学发展历程中,鲁迅为众多青年作家的作品写序作跋,旨在为青年作家的成长开山引路。正因为有了鲁迅的"小引",初出茅庐的叶永蓁的《小小十年》才有了顺利问世的可能。鲁迅先生在"小引"中还说:"我极欣幸能绍介这真实的作品于中国,还渴望看见重上征途以后之作的新吐的光芒。"但是,《小小十年》出版几年之后,叶永蓁又写了一篇《再当丘八》,又回到国民党反动营垒中去了,到解放战争时期,他已是国民党军队的师长。当然这一切是鲁迅先生为《小小十年》作"小引"时不曾想到的,也是鲁迅先生所不能负责的。并不能因为这一点，就一定要舍弃鲁迅的"小引"，反过来说，也并不因为书前有了鲁迅的"小引"，就玷污了鲁迅的品格，影响了鲁迅的伟大。既然"出版说明"声称"碑林"中"每一种书都是新文学发展历程中的一个路碑"，既然人文社认可叶永蓁也是值得永久纪念的新文学前驱，为什么就不能依照原版排印加进鲁迅先生的"小引"呢？

从版本的选择来看，"碑林"中的《小小十年》用的并不是"原集"。从扉页后以及封四勒口所附封面书影依稀可见，所谓的"原版封面"只是生活书店再版本的封面。这说明"碑林"中《小小十年》依据的并不是一九二九年九月上海春潮书局出版的"原集"。再说，如此笼而统之冠之以"原版封面"，恐怕不是认真负责的态度，仅仅只是重蹈以前的"原本选印"的覆辙而已。如此这般，一本大大减损了文献价值的《小小十年》，哪里还谈得上"珍贵"？又哪里谈得上"精良"？

"新文学碑林"丛书我没能全读到，唯愿《小小十年》只是仅有的一个好事没有做好的特例。

(原载二〇〇二年十二月二日《旧书信息报》)

梁遇春是"中国的艾略特"?

余爱读梁遇春的文章。唐弢先生称梁遇春为文体家。北师大教授朱金顺先生则誉其为"五四散文十家"中的其中一家。这都是因了他那几十篇不朽的炉边絮语式的锦绣小品,七十余年来不知迷醉了多少位"梁遇春迷"。他的《春醪集》《泪与笑》以及那本吴福辉编的含梁遇春两本散文及几卷英国小品文译品在内的《梁遇春散文全编》,寒舍悉已备存。近又得蜀中书友之助,以特价购得十来本袖珍本的《名士雅品小集》(东方出版社,一九九五年版),这套书系中的《春醪集》(内含《泪与笑》)更是令人加倍地珍爱。翻过封扉,有一篇四百来字的"出版说明",说梁遇春这位"人生旅程的匆匆过客,以自己的才气、智慧与博识,创造了另一种更持久的生命",并说梁遇春"翻飞的文思匆匆地穿梭于中外艺林之中,而青春的热情又似乎在为其思想振翅鼓舞,于是他的智慧之光在文中处处闪耀",读他的文字"可以感觉到内蕴的生命之火"。这些话对评价梁氏顾盼多姿、玲珑多态的旷世妙文都说得很得体且十分到位。但文中有一句话却令人大谬不然,这句话说梁遇春"在时人心目中享有'中国的艾略特'之誉"。梁遇春什么时候又得了"中国的艾略特"之美誉?这"美誉"是谁送给他的?

其实，在"时人心目中"，梁遇春始终享有的称誉是"中国的爱利亚"。"爱利亚"今通译"伊利亚"，是英国著名散文家查里斯·兰姆的笔名。之所以称梁遇春为"中国的爱利亚"，是因为梁遇春这位思考型的散文家出身于北大英文系，在短短几年的著译生涯中，他一方面写纵横恣肆、富于伊利亚情调的随笔小品，一面又应叶公超之约为《新月》月刊的《海外出版界》写书评书话。且译述英国小品文，研究兰姆，著述《查里斯·兰姆评传》。而他本人的小品文风格酷似那种"个性毕露、披肝沥胆、尽情表露心迹"的风格。梁遇春曾有言"对于心灵的创伤，兰姆是一剂'止血的灵药'"。纵观梁遇春短暂生涯的著译，可知兰姆是他终生心仪的作家。这些可以从梁遇春同时代师友的忆述中找出不少的例证。

一九三五年四月，郁达夫在《中国新文学大系·散文二集·导言》中论及英国散文对中国现代作家的影响时，曾这样赞许说："像已故的散文作家梁遇春先生等，且已有人称之为'中国的爱利亚'了，即此一端，也可以想见英国散文对我们的影响之大且深。"而在此前，即一九三四年，梁遇春的业师、北大英文系教授温源宁为《中国评论周报》的《知交剪影》栏写了近二十篇富于春秋笔法的"气坏了好多人，同时也有人捧腹绝倒的当代名人小传"。一九三五年一月温先生挑出十七篇，印成一本精巧玲珑的小书《一知半解》。其中就有一篇《梁遇春先生》，文中说："一提到爱利亚，我就想到遇春和兰姆的许多共同点之一：读书成癖。大家都知道，遇春对兰姆深为赞叹。能够真正欣赏《爱利亚散文集》的人很少很少，遇春就在其中。兰姆对他的吸引力之大，正是他们俩同声相应、同气相求的表现。兰姆和遇春一样，常常手不释卷，却并非博览群书，他是在几个特选的牧场上嚼嫩叶的牛：哲学家之中，他喜爱的是柏克立；小说家之中，是笛福；传记家之中，是里屯·斯特莱彻；散文家之中，是兰姆、海兹里特和蒙坦。正如兰姆的散文中往往引用勃敦、布劳思和莎士比亚一样，遇春的作品里也到处有他喜爱的作家出现，大都在奇妙的风趣、幻想和某些优美的辞藻之中，直接引用则较少。"这些话虽只是轻轻点染，却是最有分量的"亲切写真"。而梁遇春的另一位业师叶公超早在一九三三年除夕为梁的遗著《泪与笑》作跋语时，也不无深情地评价他的学生："驭聪平日看书极其驳杂，大致以哲学与文学方面的较多……他看书像 Hazlitt 一样，往往等不及看完一部便又看开别部了，惟有 Lamb 与 Hazlitt 的全集却始终不忍释手。在这集子里我们也可以看出他确实是受了 Lamb 与 Hazlit 的影响，尤其是 Lamb 那种悲剧的幽默。"两位业师异口同声深深赞许他们这位"耽于书卷比谁都厉害一点"，又尤其酷爱兰姆的学生，真是知子莫如父，知学子莫若业师了。不过梁遇春似乎更像叶公超，叶公超也最喜欢兰姆的文章。据常风先生回忆，叶公超新婚时，胡适、温源宁等十来位朋友特意买了一套十来本崭新的红皮脊烫金的路卡斯编的《兰姆全集》以及路卡斯写的《兰姆传》作为贺礼。当然这是题外话。

无需过多举例。倘若不是偶然笔误，那么可以推知"雅品小集"本《春醪集》一书"出版说明"的执笔者分明是一位不谙现代散文史的外行。看来，编书者写"出版说明"这类应用文仅有动笔才华还是不够的，还得尽可能多读一点书，多掌握一些切实可靠的史料。譬如，凌叔华向有"中国曼殊斐儿"之美称；邵洵美有"文坛孟尝君"之雅号等，千万别小觑这些小常识。如果这位编者不仅仅具有动笔才华，同时又具备过硬的微观技能，也就不会妄下"梁遇春在时人心目中享有'中国的艾略特'之誉"如此这般的断语了。

（原载二〇〇〇年七月五日《中华读书报》）

此非朱湘的《中书集》

直到最近购得袖珍本《中书集》，才使我认知：东方出版社一九九五年十月推出的"名士雅品小集书系"是一套质量参差不齐的现代散文丛书。先期购得的《苦竹杂记》（周作人）、《山窗小品》（张恨水）、《窗下·枕上·风中随笔》（章衣萍）、《画梦录》（何其芳）、《商市街》（萧红）、《西滢闲话》（陈西滢）等多种都编得较好，既有欣赏价值，又有长久藏存价值。而朱湘的《中书集》，其编法委实令人不敢恭维。

凡谙熟现代散文出版史的朋友都知道，朱湘的《中书集》在作者生前未获出版机会，直到他死后十个月才由友人们主事收入傅东华主编的"创作文库"，由上海生活书店出版。原书共分四辑，收散文、随笔、杂感（另有独幕剧一个），凡四十三篇。而"名士雅品小集书系"本《中书集》仅存二辑。原书第一辑中的《木兰从军》（独幕剧）、《文艺作者联合会》二篇。第二辑中的《三百篇中的私情诗》《古代的民歌》《五绝中的女子》《吟风阁》《笠翁十种曲》五篇，第三辑中的《评闻君一多的诗》《〈草儿〉》《刘梦苇与新诗形式运动》《〈翡冷翠的一夜〉》《再论郭君沫若的诗》《杨晦》六篇，第四辑中的《说译诗》一篇，累计共十四篇均被无端删除。另外选入集外的分别发表于一九三三年三月五日、三月六日这两天《申报·自由谈》的《说推敲》《访人》二文，于是凑成这本编者眼中的"雅品小集"《中书集》。该书"出版说明"云："本书是朱湘的散文选集，主要从《中书集》等书中精选而成，共包括三十一篇文章，书名仍沿用《中书集》。"其实问题就出在沿用原书名上。依愚见，编朱湘的散文选集，无论怎样大刀阔斧地或增或删，只要体现了编者眼光，且不违背现代散文出版史实，无疑都会得到读者的认可与尊重的。而一旦继续沿用原书名，就应该维护原版本的文献性，而不能如此草率其事。有必要知道，《中书集》这个书名是朱湘生前就已定下的。早在一九二八年，朱湘就已初步编就了《中书集》。这一年的上半年，朱湘在写给罗皑岚、罗念生、赵景深等几位友人的信中曾多次谈及《中书集》的集稿编辑过程。在三月九日致赵景深的信中，朱湘说：

……《打弹子》《木兰从军》《咬菜根》《梦苇的死》《书》《空中楼阁》，请寄给我。《北海纪游》在某期《小说月报》中，最好是请你用我的名字，在《文学周报》内登一启事，征求此期，等将来散文集子《中书集》出版时，送他一本。

四月三日，朱湘在写给罗念生的信中又说及《中书集》的选文问题，证明朱湘编《中书集》极其用心：

……《晨副》中我的各文，望不必理会了，将来《中书集》出版时，这种文章一篇也不会采入的。

五月十九日，朱湘在致罗皑岚信中再次谈及《中书集》：

我的散文集子已经编好，分作四什：

一什是纯文，有九篇（两万字），二什关于中国诗学，有五篇（一万五），三什关于新文学，有两篇（五千）（《呐喊》《杨晦》）、四什关于西方诗学，有三篇（五千）……要是我们找不到书店，我想从明年春天起就开始自己印书。

虽说《中书集》由朱湘本人最初编就时仅收文十九篇，计四万五千字，其篇幅不及后来实际出版时的《中书集》一半。但在一九二八年以后的四年中，朱湘对《中书集》又增添了不少篇目，当然也有极少的篇目要变更。再加上赵景深等几位友人根据他的遗稿、遗愿，最后才编定为含四十三篇散文、杂感随笔的《中书集》。可以说，浸透了朱湘的心血以及几位友人心血的《中书集》早已成为中国新文学宝库的散文名著，其坚实牢固的根基无疑不应该任由后人随意撼动的。对待"五四"后新文学先驱之一的朱湘的劳绩，我们作为后继者，最好还是要恭敬一些。

再说我们新文学前辈先贤们在编辑书稿方面，一直似乎有一个传统，也就是在编定自己的散文书稿时往往从一个"杂"字着眼。譬如鲁迅在他的散文诗集《野草》中就编进了独幕剧《过客》，林语堂编杂文集《大荒集》时也收入了独幕悲喜剧《子见南子》，这样的例子在新文学出版史上并不鲜见。但从未见有人说，这不是他们的散文诗集或杂文集。尽管《中书集》里包容了一些中、西诗学文字，甚至朱湘最初编就《中书集》时就选入了独幕剧《木兰从军》，但朱湘依然十分明确且欣慰地说：《中书集》是"我的散文集子"。

东方版"名士雅品小集"本《中书集》的"出版说明"还说："朱湘以诗人著称现代文坛，他的散文也饶有幽趣。朱湘的散文一如其诗，清莹澄澈，纯净幽美，带有古典的精致与雅丽。""这些文章是诗人诗情溅落的玉屑，是对诗境的摹写，是关于诗的思想，是对诗人的回忆与评述……从中不但可见出朱湘的审美爱好和敏锐的艺术直感，同时也可感受到诗人对艺术之神的一片冰心。"如此表述，无疑准确地抓住了朱湘散文的质地与神髓。然而出之于该书编者之手的《中书集》却有违他们自己的初衷，致使《中书集》成为这套"名士雅品小集书系"中的次品货。试问,那些被删落的篇章,难道就体现不出朱湘这位诗神的"审美爱好和敏锐的艺术直感"以及"对艺术之神的一片冰心"?

(原载《山西文学》二〇〇五年第七期)

《邓以蛰全集》中收录的邓氏莎译

由安徽教育出版社一九九八年四月印行的豪华精装一卷本《邓以蛰全集》，附录部分收有邓氏之弟子刘纲纪所作的《邓以蛰先生生平著述简表》，其中有两处提及这位中国现代美学家、美术史家的莎译，特录如后：

一九一九年（民国八年，己未，二十八岁）

在纽约听著名歌剧演员 Caliouci 演唱《罗米欧与朱莉叶》，极为欣赏，倾倒如狂。取出莎剧原作朗诵数次，兴犹未尽，于是参取中国元曲的表达方式，将此剧花园相会一段的对白大意译为中文，题为《莎士比亚〈罗米欧与朱莉叶〉新弹词》。这是中国人对莎剧片段较早的翻译，同时也是一种别出心裁的翻译。译文生动易解，通俗而不鄙俚，很有中国元曲韵味。

一九二四年（民国十三年，甲子，三十三岁）四月二十五日—二十六日，在《晨报副刊》发表留美时的旧稿《莎士比亚〈罗米欧与朱莉叶〉新弹词》。

手头有全份《晨报副刊》（或全份《晨报副刊》影印本）的朋友，只要稍事翻阅到一九二四年四月二十五日、二十六日这两天，就知道《简表》前一条刘纲纪的生动叙说是根据邓以蛰的"附识"演绎而来的。而这里两次提及的《莎士比亚〈罗米欧与朱莉叶〉新弹词》，都应改为《莎士比亚若邈玖嫋新弹词》才对。然而无独有偶，《邓以蛰全集》收进的邓氏莎译之题名，已经改为《莎士比亚〈罗米欧与朱莉叶〉新弹词》，剧中人"若邈"改为"罗米欧"，"玖嫋"改为"朱莉叶"。第四页页注①也仅仅只注了"原载一九二四年四月二十五日—二十六日《晨报副刊》"这么一句，题名、人物名的改动是何人何时所为，连个说明也没有。

《邓以蛰全集》的"出版说明"中称"全集文章顺序按发表时间先后编排。有的文章原先发表后又曾重改再次发表，现收入第二次发表稿，并按第二次发表时间编排。"但根据全书的编序来看，邓氏的莎译片段排在全书第二篇，紧接其后的一篇是发表在一九二四年五月一日《晨报副刊》上的《中日绘画展览会的批评》。第六篇是邓以蛰先生另一篇翻译即意大利著名人文主义作家彼特拉克的《山歌》。《全集》中题名为《彼特拉克 Francesco, Petrarca 山歌》。下面有页注："原载一九二四年五月十九日《晨报副刊》。原题为《彼屈阿克山歌》，现据通用译名，改作现题。"这也就有力说明邓译《若邈玖嫋新弹词》在一九二四年四月二十五日—二十六日《晨报副刊》发表后，邓先生不曾"重改"（重译），也未"再次发表"。然耐人寻味的是，邓先生这一"别出心裁"的翻译，四年之后又曾由上海望平街（由徐志摩等人主事）的新月书店据邓译原貌印行单行本。一九二八年五月十日出版的《新月》第一卷第三号曾以整整一个页码刊出广告，全文照录：

《若邈玖嫋新弹词》，邓以蛰译，实价一角二分，现已出版。
《若邈与玖嫋》是莎士比亚的杰作之一，其中的《园会》一场，尤其妩媚缠绵，令人百读不厌。现由邓以蛰先生用弹词的新调，把有情人的心曲极委婉的表现出来，花前月下，人手一编，相与共读，那么莎翁名剧的流风余韵，一定更可以叫我们倍增快乐。加之这本小书印刷精美，插图珍贵，装订美丽，拿它做馈赠的礼品，尤其清雅别致。

此文可能出自徐志摩手笔，他也曾翻译过妩媚缠绵的《园会》，其题名为《罗米欧与朱丽叶》（第二章第二景），但生前未曾发表。徐志摩罹难后分别刊于一九三二年三月《新月》四卷一号和一九三二年七月《诗刊》第四期（即这两种刊物的《志摩纪念号》）以及陈梦家编的徐志摩遗著《云游》。邓译虽说只是节译，但能以单行本行世，可见其"参取中国元曲的表达方式"译莎剧受欢迎以至深入人心的程度。同是皖版书，安徽文艺出版社一九九二年五月印行的《莎士比亚辞典》一书在《莎士比亚在中国》的有关章节中，对邓以蛰先生的莎译，都是以《若邈玖嫋新弹词》的题名记载入册，这种尊重莎剧翻译史的态度显得十分可贵。

安徽教育出版社近年来"服务教育，倾情学术"，出了不少好书，《邓以蛰全集》自属好书之列。但是此书在处理邓先生的莎剧译品时，却是很不尽如人意。虽说邓先生的全集不过是一卷本，但它仍然是以研究和教学人员为其主要读者的。即使为一般文学爱好者计，让他们了解邓氏莎剧译品的"自然生态"下的原貌，又有什么不好呢？《邓以蛰全集》是严肃出版物，对于出版严肃读物，借用新文学版本专家龚明德批评花山版《艾青全集》时所说，就是：面对读者，首先要维护作品的文献价值，如有改动，一定要加注说明改于何时，何人所为。作品一旦发表，它就为历史所有，对属于历史事实的更改而不作说明，是严肃出版物所不应该存有的现象。可以说，凡读过邓先生译品《若邈玖嫋新弹词》的朋友，一旦读到《邓以蛰全集》收入的《莎士比亚〈罗米欧与朱莉叶〉新弹词》，再看刘纲纪先生在《简表》中的有关叙说，必会感慨横生，《邓以蛰全集》的主事者真是太自作聪明了。倘若原汁原味依最初"自然生态"状貌收入《邓以蛰全集》，不更能凸显邓氏莎译"通俗而不鄙俚"的"中国元曲韵味"？

(原载《清泉》二〇〇三年九月一日)

黄药眠误读《忘掉她》

一九四六年七月十五日，不屈不挠为民主而奋斗的诗人、学者闻一多先生惨遭国民党特务暗杀后，黄药眠曾写有一篇《论闻一多的诗》，其副题为《读〈死水〉》。这是一篇非常出色的诗评论，曾发表在中华全国文艺协会粤港分会编，香港新召正出版社一九四六年九月二十日出版的《文艺丛刊》第一辑。但是这篇诗评论也有微疵，那就是误读了闻一多的名诗《忘掉她》。黄药眠将《忘掉她》与《你莫怨我》一诗相提并论：《你莫怨我》和《忘掉她》是写恋爱悲剧的。《忘掉她》是写恋爱悲剧的吗？为行文方便，权将《忘掉她》全诗照录如后：

忘掉她，像一朵忘掉的花！
那朝霞在花瓣上，
那花心的一缕香，
忘掉她，像一朵忘掉的花！

忘掉她，像一朵忘掉的花！
像春风里一出梦，
像梦里的一声钟，

忘掉她,像一朵忘掉的花!

忘掉她,像一朵忘掉的花!
听蟋蟀唱得多好,
看墓草长得多高;
忘掉她,像一朵忘掉的花!

忘掉她,像一朵忘掉的花!
她已经忘记了你,
她什么都记不起;
忘掉她,像一朵忘掉的花!

忘掉她,像一朵忘掉的花!
年华那朋友真好,
他明天就教你老;
忘掉她,像一朵忘掉的花!

忘掉她,像一朵忘掉的花!
如果是有人要问,
就说没有那个人;
忘掉她,像一朵忘掉的花!

忘掉她,像一朵忘掉的花!
像春风里一出梦,
像梦里的一声钟,
忘掉她,像一朵忘掉的花!

黄药眠先生肯定是望文生义了。其实,这首收入《死水》的如怨如诉的《忘掉她》并非写的是"恋爱悲剧",而是一首悼亡之作。一九二六年七月,闻一多辞去了北京艺专教务长的职务,携眷回到湖北浠水老家。到了秋后,闻一多应友人潘光旦之约到上海吴淞国立政治大学任教授兼训导长。这年秋冬之交，闻一多的夫人高真女士和生于一九二二年十二月的长女立瑛病重，他闻讯遂遄返浠水。待他抵家时，未满五岁的掌上明珠早已沉埋黄土了。这，极大地刺激了闻一多作为父亲、作为诗人的沉恸而敏感的心。不久，闻一多就为他的早夭的爱女立瑛写了这首著名的悼亡诗。全诗反复迭唱，没有一个"泪"字，也没有一个"死"字，然而那死别的悲恸却情透纸背，力透纸背。梁实秋曾称誉《忘掉她》这首用"歌谣体"写出的悼亡诗流露了对于爱女的"沉恸的至情"。哪里写的是"恋爱悲剧"呢？

和那些有着留学英美知识背景的诗人一样，闻一多的诗创作也极大地受到了外来诗歌的影响。在美国留学期间，闻一多曾潜心研究过英美诗史，研读过好些美国现代诗人的诗作，与美国著名诗人桑德堡、罗威尔等人也都有交往。《忘掉她》一诗就是在美国现代女诗人莎娜·狄丝黛尔的一首题为《让她被忘掉》的抒情小诗影响下写成的。王锦厚先生在《五四新文学与外国文学》一书的第六章以及为四川文艺版两卷本《闻一多选集》所作的题为《闻一多先生的精神不死》的"编后记"中，对于《忘掉她》诗也有过相当精辟的论述。王锦厚先生说，相对于狄丝黛尔的《让她被忘掉》，闻一多的《忘掉她》"感情、节奏、音韵，无不达到和谐的统一。真可谓青出于蓝而胜于蓝"。

（原载《山西文学》二〇〇七年第二期）

关于两个"王力"的著述归属问题

由福建教育出版社一九九三年十二月初版,贾植芳、俞元桂任主编的巨卷辞书《中国现代文学总书目》,卷末所附"著译编者书目索引"之"王力"项下列有二十三个著译条目,前四个为创作条目,依次分别为:《龙虫并雕斋琐语》《苦儿记》《晴天》《镜子》。后十九个为翻译条目。紧接着下面又单列"王了一,见王力"这一项(见该书第一〇二页)。由于索引编者的疏忽抑或是未弄清中国新文学史上有两个"王力"的史实,以致出现了一个问题:将创作条目中原本应分别归属两个"王力"的著作全部归属到一个"王力"。即著名的语言学家、翻译家"王力"的名下。

还是先来分别说说两个"王力",以厘清此王力非彼王力。

首先说原名祥瑛,字了一,著名语言学家、翻译家、诗人集于一身的王力,一九〇〇年八月十日出生于广西博白县岐山坡村。一九二六年考取清华大学国学研究院。次年留学法国,获巴黎大学文学博士。一九三二年回国,先后任教于清华大学、燕京大学、西南联大、中山大学、岭南大学。曾任中山大学及岭南大学文学院院长。数十年里除长期从事语言学的教学和研究之外,还长期致力于法国文学翻译,二十世纪四十年代,他开始用格律诗体裁翻译法国近代象征派诗歌创始人波德莱尔的诗集《恶之花》,是中国重要的法国文学翻译家之一。语言学、法国文学翻译方面可谓著作等身。抗日战争时期,他在西南联大还从事杂文写作。一九四九年一月,他的杂文集《龙虫并雕斋琐语》作为"观察丛书"之一由上海观察社出版。因为有了这本书,我们还得为他另加一个杂文家的头衔。

再说另一个王力即现代作家王力。一九二一年八月生于江苏省淮安县一个农村教师之家。十五岁在淮安师范学校读书时开始参加革命活动。一九四〇年后在山东《大众日报》任编辑部主任,并任中共中央山东分局党刊《斗争生活》主编。解放战争时期担任中共中央华东局土地改革工作团团长,中共渤海区宣传部部长。一九四九年加入中国作家协会。后任中共中央华东局宣传处处长。一九六六年为"中央文革"小组成员,成为"四人帮"反党集团的死党,一九七九年被取消中国作家协会会籍。武侠小说作家梁羽生在他的《笔·剑·书》一书中称这个王力"是坐'直升机'蹿起的人物"。他的著作仅有《晴天》以及论著《文艺工作者下乡问题》等数部而已。稍有名气的仅《晴天》一部。此书一九四六年六月由胶东新华书店初版。一九四九年五月,《晴天》又与女作家菡子的小说《纠纷》合集,以《晴天》为书名收入"中国人民文艺丛书",由新华书店出版。三场歌剧《镜子》曾作为"戏剧丛书"之一。由华东军区政治部文艺工作团一九四八年一月印行,也应该是后一个王力的作品。

二十世纪八九十年代四川出版的北京语言学院《中国文学家辞典》分别列有两个"王力"的条目,语言学家"王力"条目载入现代第二分册,现代作家的"王力"条目则载入现代第六分册,两者泾渭分明。而《中国现代文学总书目》之"著译编者书目索引"则错在将两者合二为一。笔者认为,纠正这个差错,应列"王了一"这一项,因为前一个"王力"毕竟是以"王了一"在新文学史上闻名的,所以应将语言学家、翻译家王力的著作列于"王了一"项下才合乎史实。此外再另列"王力"一项,将现代作家的文学作品列于"王力"项下,也就是将第三条《晴天》和第四条《镜子》析出列于"王力"项下。如此才能让后学不至于糊涂。至于第二条《苦儿记》列在"王了一"项下尚无大碍。虽说由晋阳学刊编辑部编辑、山西人民出版社一九八五年版《中国现代社会科学家传略》第七辑中《王力传略》文末所附"王力主要著作目录"中未列入《苦儿记》这部长篇小说,但传略中"先生从小就喜欢文学,曾经读过很多古典小说,写得一手好文章。曾在《小说世界》杂志上发表一篇短篇小说,还曾计划写作一个长篇,想成为一名文学家"这样几句话恐怕也不是臆说。再说《中国现代文学总书目》著录的《苦儿记》,其辞目为——

苦儿记　王力著。上海文明书局一九二二年七月初版。长篇小说。目次:自叙(一九二一年七月)苦儿记

此著录定然是根据实物著录的,属语言学家王力早期作品无疑。

听说《中国现代文学总书目》正在修订准备重版,这无疑是一个好消息。这部巨卷专业辞书,用朱金顺先生的话说:"《中国现代文学总书目》是部切合适用的大型工具书。它用书目的形式,反映了中国现代文学三十二年的全貌,可称为一部简略、可信的现代文学全史。"对于这样一部好的工具书,作为一个现代文学业余研究者,我期待着她的日臻完善。

(原载《绿土》二〇一二年七月,总第一四九期)

《大美报·浅草》与郭小川的早期诗作

《郭小川代表作》，李丽中编，"中国现当代著名作家文库"之一（河南人民出版社，一九八六年八月初版，一九九二年六月第二次印刷），将郭氏《骆驼商人挽歌》《热河曲》这两首早期诗作的最初出处注为"发表于一九四一年四月二十五日上海《大公报》的文艺副刊《浅草·诗歌特辑》"（分别见该书第四页、第七页）。两首诗的注解均如出一辙，显然不是手民之误，而是编者对现代文学史实及新闻史实的失察，以致把《大美报》和《大公报》弄混淆了。

其实，只要较为熟悉"孤岛"时期文学史的人，对此是不难作出准确判断的。《大美报》原为英文报纸 *Shanghai Evening Post* 出版系统所属的一张华文日报。作为《大美报》的一个文艺副刊的《浅草》，创刊于一九三九年十二月一日，主编是柯灵。对于这一史实，只要查《中国现代编辑学词典》（黑龙江人民出版社一九九一年版）有关柯灵的条目以及《出版史料》一九九〇年第一期《柯灵的编辑生涯》一文即能察知。"孤岛"时期，地下党团结党内外文艺工作者，利用租界特殊地位，以洋商招牌为掩护，先后在几种报纸占领阵地。也由于柯灵当时在文坛的地位，从"八·一三"到抗战胜利，他自始至终坚持在上海的编辑阵地上，先后主编过政论性周刊《民族呼声》，文艺性副刊《文汇报·世纪风》《大美报·早茶》等，《大美报》文艺副刊《浅草》，即为其中之一。这些刊物对"孤岛"文艺运动起了有力的推动作用，所以柯灵说："争取洋商报纸成为抗战宣传阵地，是党创造的一个聪明的战略。"但由于"孤岛"这"暴力与恶行的渊薮"里恐怖事件层出不穷，《大美报》的经理张似旭，副经理李俊英相继不幸被敌伪暗杀而殉难，报纸停刊，《浅草》也随之告终。然而火种不灭，相隔不久，柯灵又在遍地荆棘中借《正言报》开辟了另一个文艺副刊《草原》。

著名散文家何为当年是向《世纪风》《浅草》等文艺副刊投稿的文学青年，也是这一时代的见证者。七十年代末八十年代初，他先后两次撰文回忆《浅草》。一篇是写于一九七八年八月的《〈浅草〉上的战地之花》，副题为《记郭小川早期两首诗及其他》（参见百花文艺出版社一九八〇年版《临窗集》），另一篇是写于一九八三年四月的《从〈浅草〉到〈草原〉》，副题为《"孤岛"时期上海两个文艺副刊》，初刊一九八三年第十二期《读书》，后收入《上海"孤岛"文学回忆录》（中国社会科学出版社，一九八五年版）。在这两篇颇具史料性文献性的文章里，何为先生回忆说，《大美报》是一张对开的小型日报。《浅草》版面仅占六栏地位。《浅草》这"在硝烟和血腥中间"开辟的文艺副刊在柯灵先生的经营之下，恰如荒岛上的绿洲，给荒漠上的人们带来了一片绿意。在《献辞》中编者还表示，《浅草》愿作为一片小小的试验场，渴望文学前辈的栽培，欢迎新作者"撒下饱满的种子，走向成熟和收获"。当时一批十分年轻而又名不见经传的有志于文学的青年，在这里找到他们自己的园地。何为先生说："我和我的一些伙伴们，各借《浅草》一角之地，留下自己在文坛学步的足迹。"当然，在《浅草》上占篇幅最多者当推散文，散文作者中既有夏衍、王统照、丰子恺、王任叔、李健吾、郁达夫、楼适夷等老作家，也有宛宛（黄裳）、坚卫（董鼎山）等文坛新秀，何为的系列散文《静悄悄的青弋江》就是在《浅草》上发表的。一时，那尺幅天地的景象真是"芳草萋萋，绿荫成片"。《浅草》也经常发表诗歌，并多次刊出《诗歌特辑》。一九四〇年四月二十五日出版的《浅草》就是一期"诗歌特辑"，发表了郭小川从晋察冀寄来的诗作《骆驼商人挽歌》《热河曲》。前者副题《塞上草之三》，诗末注"一九三九年八月晋察冀草，一九四〇年三月抄改"。后者副题《忽然想起我的家》，篇末注"热河事变七周年的第十天写于黄河岸"。何为先生将这两首诗喻为从塞上移植而来的闪烁着一种神奇色彩的战地之花，给困守"孤岛"的人们带来远方战斗者的消息。七十年代末，柯灵先生也曾以《三十八年前一张旧报纸》为题著文纪念这一天的《诗歌特辑》，纪念逝去的诗人。称这来自战火纷飞的塞外的诗文"像星光、彩虹、火炬、号角、给'孤岛'的人们带来希望和力量"。

为了郭小川两首早期诗作的注释，笔者作了以上一些引证，无非是为了纠谬匡正。二十世纪三四十年代的《浅草》是借《大美报》而葳蕤的一个文艺副刊，郭小川的《骆驼商人挽歌》《热河曲》是发表于一九四〇年四月二十五日《大美报》的《浅草·诗歌特辑》。同时也想说明：《郭小川代表作》是一本"囊括'五四'运动以来一百多名著名作家的代表作"，"以作家分卷"的"一套多卷本大型文学丛书"中的一本。编者作注释更应注重它的文献性。不应该出现这样的错谬或疏失。

（原载一九九九年七月十八日《读书人报》）

读书识小四题

鄙人平日读书，遇到自己认为不妥之处，总要考索一番，因之便积累了一些资料。"不贤者识其小"，古之明训。这些札记所要考索的，在莽莽苍苍的现代文学书林里，也许只是零枝片叶；在现代文学专业研究家的眼中，所钩稽的也许只是一鳞半爪的材料。尽管如此，贻笑于方家，仍恐不免。今日抄几则刊布出来，抛砖以引玉，于愿足矣。

是"菱窠"，不是"菱窝"

一九三八年七月，李劼人从四川大学教授谢苍璃手中买下成都外东十里沙河堡菱角堰旁二亩多地，筹划在这里建一住地。一九三九年，为躲避日机轰炸，李劼人一家从城内疏散到郊外沙河堡乡间，在菱角堰边建起了以黄泥筑墙、麦草为顶的栖身之所。房子虽简陋，但李劼人认为这"在我李家来说却是破天荒的一件事。因为自我八世祖从湖北入川定居以来，从未有过自己的房子，搬一次家，东西失散不少，特别是书籍。我有了房子以后，可以不再担心我在数十年来置备的几千本中国书籍（现已达二万多册）和积存的报纸、杂志的失散了"。（参见《李劼人自传》《中国现代作家传略》

上册，四川人民出版社，一九八一年五月初版）因房子面临"菱角堰"，为了信件投递方便，李劼人便在门楣上自题"菱窠"二字，意即菱角堰边的窠巢。此后，李劼人居家菱窠，直到一九六二年逝世。李劼人曾多次谈及，三四十年代，他在外忙累了，一旦回到"菱窠"乡居，"身心为之一爽"。李劼人后来的许多著译，都是在这里完成的。比如长篇小说《天魔舞》，短篇小说集《好人家》的创作，长篇小说《死水微澜》《暴风雨前》的修改，《大波》的重写以及莫泊桑《人心》、都德的《小东西》（原译为《小物件》）和佛洛贝尔（现通译福楼拜）的《马丹波娃利》《萨朗波》等法国文学名著的翻译或重译等等。

一九六三年，李劼人家属把"菱窠"以及李劼人历年置备和收藏的书籍、报刊、字画等捐赠给国家。如今的"菱窠"，已经是一座林木葱郁的幽美的庭院。画家罗雪村曾经画过"菱窠"，并题以释文："菱是一种生在池沼中，根扎在泥土里的草本植物；窠即鸟虫的巢，把自己的宅舍以'菱窠'名之，颇有竹篱野舍的逸趣，或许也蕴含了这位被誉为乡土作家根植民间的文学理想。"（参见《李劼人图传》，天地出版社，二〇〇五年六月初版）一九八七年十月三日，八十四岁的巴老在胞弟李济生，女儿李小林等陪同下回故乡成都，十三日巴老重访"菱窠"，面对已逝故人的遗像、遗物，巴老难以克制，用颤抖的手，在留言本上写出对老友的怀念和深情："一九八七年十月十三日巴金来此看望劼人老兄，我来迟了！"并深深感喟说，要保护好李劼人的故居，因为"只有他才是成都的历史家，过去的成都都活在他的笔下"。然而，幽美的"菱窠"却累被一些写家化神奇为腐朽误写成"菱窝"，因篇幅之故，在此姑举一例为证。朱亚夫编著的《名家斋号趣谈（续）》（江西美术出版社，二〇〇五年七月初版）一书中有《李劼人》一篇，文章不长，照录如后：

李劼人的"菱窝"在其家乡四川成都市外东沙河堡菱角

堰区。因地处菱角堰塘边,故取名"菱窝",以寄托主人对故乡的一片挚爱之情。菱窝建于一九三九年。门楣上有主人自题的匾额。正房为一楼一底,木梯连接四方四廊,屋顶全用茅草覆盖。底层四间为客厅、卧室、家属住房等。楼上为书房,藏有上万册线装书和上千幅名贵字画。庭园中栽有柑、橙等果木,以及各种盆栽花草,时时飘来阵阵幽香,在菱角堰塘池边,李劼人当年亲植的柳树,柳条垂池,迎风飘荡。

菱窝周围环境秀美,别具四川乡土风味。他大部分著作在菱窝中完成,因为菱窝给了他创作的灵感,故他取笔名"菱乐"。现在菱窝已辟成"李劼人故居"。

文章另插图一幅,插图说明也作"李劼人故居菱窝"。

在不足二百八十字的篇幅中,有八处提及"菱窠",均被误为"菱窝"(着重号为引者所加),看来纯为作者粗疏轻率所致,并非手民之误。"菱窠"之"窠"读 kē,"窝"读 wō。从语义学上说,"窠""窝"均可泛指鸟兽昆虫的巢穴。但从词义的褒贬上说,我们可以说"鸟窠""狗窝",但最好不要说"鸟窝""狗窠"。识者只要读读上引小文,画家罗雪村所心仪的"竹篱野舍的逸趣"已荡然无存。倘若作者细心一些,那八处"菱窝"均为"菱窠",岂不就是一篇精粹幽美的说明文?

(原载《芳草地》二〇一五年第二期)

一九四九年,张恨水能读到《三里湾》?

一九四九年六月,五十四岁的张恨水因高血压病发作,患脑出血,致使右半身不遂,记忆力、想象力都遭到严重挫伤。是年七月二日,中华全国文学艺术工作者代表大会在北平召开,张恨水因病未能参加。这事在张恨水长孙张纪所著

《三里湾》书影

的《我所知道的张恨水》(金城出版社,二〇〇七年一月初版)一书的第一百一十五页有一节相关叙说,为行文之便,特录于后:

> 在召开全国第一届文学艺术工作者代表大会时,因为我爷爷是正式代表,周总理派人看望我爷爷,得知他的病情以后,马上进行了妥善安排,我爷爷可以安心养病了。他恢复得很快,一个月出院,二个月后牙牙学语,记忆力得到恢复,半年后即开始练习写字,慢慢的练习走路,可以出门看朋友,看电影,不到一年又开始写诗了。医生说"张先生能够恢复得这样好,实在罕见"。老朋友认为是个"奇迹"。爷爷没有出席解放后的第一届文代会,大会派人送来了五十几册的"大众文艺丛书",这些书都是全新的内容,延安时期的文学作品。有《白毛女》《李有才板话》《小二黑结婚》《赵一曼》《三里弯》(原文如此——引者注)《王贵与李香香》。

这段引文中有两处硬伤,笔者特此加上了着重号。硬伤之一,张纪先生提到的"大众文艺丛书"并未收入《白毛女》《李有才板话》等文艺作品。"大众文艺丛书"一九四六年至一九四七年间由山东解放区胶东新华书店编辑出版,是一套主要介绍文艺理论和写作方面基本知识的丛书,计有江风著《文艺大众化论集》、毛泽东等人著《写作的新知识》等。而收入《白毛女》《李有才板话》《王贵与李香香》等文艺作品的只能是新华书店自一九四八年起陆续出版,由周扬、柯仲平、陈涌等编辑,选编解放区历年来优秀的文艺作品,包括戏剧、小说、通讯报告、诗歌、曲艺等五十余部(种)作品的"中国人民文艺丛书"。还有,这套丛书中是没有《小二黑结婚》这本书的,《小二黑结婚》只是《李有才板话》中的一篇。不过,华北新华书店曾分别于一九四三年、一九四四年、一九四六年、一九四九年多次印行过《小二黑结婚》的单行本,"文代会"送来的张恨水能读到的，也许是其中某一印次的《小二黑结婚》。硬伤之二，"文代会"送给张恨水的五十余册图书中的赵树理作品，当时应该没有《三里湾》。因为《三里湾》是赵树理写的"以农村互助合作为题材"的长篇小说。实际史况是：一九五一年春天，为响应党中央号召，赵树理又回到了太行山。赵树理是这样说的："我是愿意写农村的，自然也要去摸一摸农村工作如何转变的，于是就在一九五一年的春天又到我所熟悉的太行山里去。"（参见赵树理《〈三里湾〉写作前后》）一九五三年冬天，赵树理开始动笔写《三里湾》，"中间又因事打断好几次，并且又参观了一些别处的社"。直到一九五五年早春，赵树理才写成《三里湾》这本书。小说脱稿后，当时的《人民文学》副主编严文井就拟在《人民文学》上刊登。一九五五年一月七日，《三里湾》开始在《人民文学》上连载，共载四期，到第四期载完。连载完毕，本应由人民文学出版社出版的，但因了刚刚成立的通俗读物出版社青年编辑杨百铸的坚决约稿，后经楼适夷（当时是人民文学出版社社长）同意，并尊重作者本人意愿，改由通俗读物出版社出版。一九五五年五月，北京通俗读物出版社出版了由吴静波插图的《三里湾》。此为《三里湾》的最早版。因此说，张恨水在一九四九年下半年是读不上《三里湾》的。还有一点，是《三里湾》，不是书中误印的《三里弯》。

（原载《芳草地》二〇一五年第二期）

《东平选集》，并非"目录中署有《序》，但书内未见"

《丘东平作品全集》（复旦大学出版社，二〇一一年七月初版）是为纪念丘东平这位"我国现代战争文学的开拓者"一百周年诞辰而编辑出版的。张业松为此书执行主编。张业松先生多年来一直从事丘东平研究，此全集的《编后记》就出

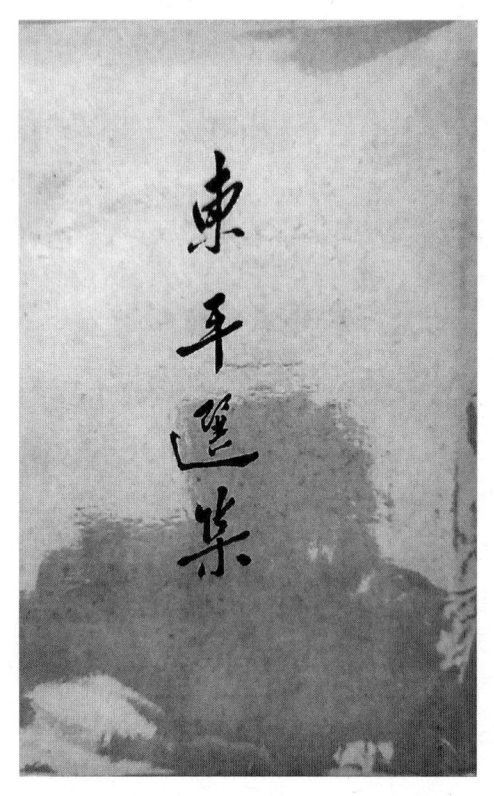

《东平选集》书影

之于他的手笔（此《编后记》又曾以《丘东平作品版本沿革及佚书搜寻》为题发表于《现代中文学刊》二〇一四年第三期），可谓一篇以丘东平作品版本沿革及佚书搜寻为中心，对丘东平作品文献考校比勘、佚书发掘的颇为扎实的史料文章。但这篇文章又略有瑕疵。此文在梳理一九四九年以来丘东平作品的版本情况涉及《东平选集》时，是这样说的："柏山编：《东平选集》，新文艺出版社一九五三年八月上海第一版。目录中署有《序》，但书内未见。"这里的"柏山"即彭柏山。

《东平选集》版权页虽注明此书编辑为新文艺出版社，其实就是彭柏山编辑的。书中所收作品主要取材于丘东平的《长夏城之战》《第七连》和《茅山下》。抗日战争时期，彭柏山已是新四军的高级将领。新中国成立后，为抗日烈士战友编作品选集，彭柏山是当仁不让的最佳人选。新文艺版《东平选集》的编排有点特别，扉页背面为"内容提要"，接下来依次为丘东平像、序（柏山署名在序的文末）、目次、正文。柏山的"序"写于一九五三年五月，当为《东平选集》的编竣时间，仅千余字。对于丘东平这位牺牲在反"扫荡"中的战友，这位"以血打稿子，以墨写在纸上"的战斗的作家，柏山在"序"中写道："很久以前，有几位同志提议要把东平的作品搜罗起来编印一本全集。这动机固然很好，但我想，这是很不容易办到的。其一，据我所知，他在新四军曾印过一本《向敌人的腹背进军》，那里面所写的，虽然都是些军中见闻散记，文字也不怎么洗炼，但确实记载了抗日战争初期，我们新四军进入敌后的一些英勇斗争的史实，而现在却很难找到。如果要求全，这就不免是一个很大的破绽。其二，东平在文学上所走过的路，正如他在人生的道路上所达到的一样，处在年轻的时期。他那丰富的生活，和在他作品里所流露的宏大的才能与奔放的热情，并未充分发挥，即如他的遗作《茅山下》，仅仅是他一篇没有完成的长篇的一个开端。如果要以他现有的作品，概括其全部才能，这就不免使他受到委屈。因此，选择其若干带有代表性的作品，集印成册，更能突出地显示其丰富的生活与宏大的才能的面貌。"这就是限于条件，当时彭柏山只能编集《东平选集》的原因。

笔者曾先后于冷摊僻肆搜访到两本彭柏山编同一版次的《东平选集》。先收得的一本"目录中署有《序》，但书内未见"。而近期收得的一本，柏山的《序》却赫然在列。某一次书房理书时，找出先收得的那一本看个仔细，竟然发现紧接着"丘东平像"后面分明残存着被撕去一页的痕迹。《序》为何被撕？当然因了众所周知的原因，与胡风有"刎颈之交"的彭柏山被"上面"定为"胡风反革命集团"骨干分子。显然，先收得的一本如今应视之为"政策性残本"（此版本学新名词为龚明德先生首创），并非张业松先生所称的"目录中署有《序》，但书内未见"的版本。笔者的这个意外的发现，最近又在一本得于旧书店的书中得到了有力的证实。写过《胡风集团冤案始末》这部厚重著作的李辉先生有一本《笔墨碎片》（安徽教育出版社，二〇〇七年四月初版），书中《故纸》一辑中有《一九五五年的禁书——关于查禁"胡风分子"著译作品的两份史料》一文，文中写到"第二份查禁通知"中的文化部一九五五年十一月五日颁发的《处理胡风及胡风反革命集团骨干分子著作和翻译补充目录》和《编有胡风及胡风反革命集团骨干分子的书籍目录》这两份目录中都涉及了彭柏山的作品。前者列出被查禁的彭柏山的作品集共三种，后者涉及彭柏山的一句是："此外，尚有《东平选集》和《和平颂》（均由新文艺出版社出版）两书，前者有彭柏山短序一页，后者在后记中提到该书曾经陈亦门加工，可将两书的序言和后记撕去继续发售，但再版时均应重加校订后修正。"这段中提到的陈亦门即"七月派"诗人阿垅。此即为一九五三年版《东平选集》柏山《序》被撕去的铁证。笔者先收得的一本被撕去柏山《序》的《东平选集》原为河北保定第一中学图书馆藏书，而后来所收得的一本《东平选集》原属上海第七制药厂图书馆藏书，同为馆藏书，后者幸好逃过了一劫，不然就读不上彭柏山这篇精粹的《序》，更谈不上写这篇小文与张业松先生一同讨论了。

（原载《芳草地》二〇一五年第二期）

《绝版诗话》一书中的谬误

专门闲话新诗版本的书话集极少，除了唐弢先生《晦庵书话》中有一辑《诗海一勺》，印成集子的似乎只有广西师范大学出版社近年出版的"煮雨文丛"里有一册由人称新诗"司库"的刘福春先生所著的《寻诗散录》。张建智先生的《绝版诗话》可谓第二本谈新诗版本的书话集子。

《绝版诗话》（复旦大学出版社，二〇一二年十二月版）一书，倘把书名读全，则应为《绝版诗话：谈民国时期初版诗集》。"谈民国时期初版诗集"此一副题规定了此书所介绍的均应为民国时期出版的初版诗集。书中择取王统照的《童心》、陈梦家的《梦家诗集》、李金发的《食客与凶年》、梁宗岱的《晚祷》、俞平伯的《西还》、辛笛的《手掌集》、赵景深的《荷花》、于赓虞的《魔鬼的舞蹈》、白采的《羸疾者的爱》、蒲风的《六月流火》、关露的《太平洋上的歌声》、虞琰的《湖风》、杨骚的《受难者的短曲》、汪静之的《蕙的风》以及与他人合集的《湖畔》等一些民国初版诗集以闲话的方式对每种诗集的创作过程、版本状况及每位诗人的心路历程进行了娓娓动情的叙说。每篇书话正文之后，且选录本诗集中的若干首诗，让读者读过书话之余进入"妙诗赏析"之境。紧随其后又附录每位诗人的生平简介。如此说来，张建智先生的《绝版诗话》又像是一部小型的新诗鉴赏辞典，而且又是那种装帧极其素雅且附有初版诗集书影嗜书人见了就爱不释手的三十二开小精装，鄙人作为诗之爱者，理应"花开堪折直须折"，遂欣然携归入藏寒斋，与刘福春先生那本《寻诗散录》一起置于枕边。

如今社会浮躁，人心浮躁，图书出版似乎永远难以达到至善至美之境，总有那么几点疏失与谬误需要补正。也许是爱之深则责之苛罢。此书日后倘有再版机会，笔者欲在此提出三点修订意见：一、建议再版时抽出《静处的月明：林徽因诗存及其他》一篇。因为此篇不合"专谈'民国时期'初版诗集"这一体例。再说林徽因生前没有出版过文学作品集，一直到一九八五年才由人民文学出版社出版了陈钟英、陈宇合编的收入林徽因诗作五十五首的《林徽因诗集》。这也是作为文学家的林徽因第一次出版文学作品集。二、建议再版时调换第一百四十页所附诗人照片，此非白采，而是朱自清摄于二十世纪二十年代的照片。最后，希望再版时将第一百六十五页倒数第四行的"皖南天长县"改为"皖东天长县"或"安徽天长县"。因为皖南没有"天长"这个县份。

（原载《开卷》二〇一四年第二期）

辑

三

三位老人和一首诗

英国诗人兰德（一七七五——一八六四）暮年写过一首题曰《生与死》的小诗。杨绛先生很喜欢这首美丽的小诗，曾将它翻译成中文，并作为她晚年的散文选集《杨绛散文》（一九九四年浙江文艺出版社版）卷首的题词：

> 我和谁都不争，
> 和谁争我都不屑；
> 我爱大自然，
> 其次就是艺术；
> 我双手烤着，
> 生命之火取暖；
> 火萎了，
> 我也准备走了。

其实，一九九一年杨绛就在散文集（《杂忆与杂写》（花城版）的自序中引录过这首诗，以表达她晚年的心境。杨绛多次将它置于自己作品集的卷首，乃是因了这首小诗表现一种通达从容、积极乐观的人生态度和宁静淡泊、铅华洗尽的人生境界吧！记得杨绛写有一篇《隐身衣》的散文，作者曾自谦作为"废话,代后记"收入她的散文集《将饮茶》。在这篇散文里,作者的叙述悠悠不迫,许多颇具诗心的哲理思考深深浸润在那倍见真淳的字里行间:"无论如何,隐身衣总比国王的新衣好。""这种隐身衣的料子是卑微,人家就视而不见,见而无睹。""一个人不想攀高就不怕下跌,也不用倾轧排挤,可以保其天真,成其自然,潜心一志完成自己能做的事。"舒展先生说:"我们从杨绛风格看到了一个善于静观默察,敏感沉思,以笑代哭,寓热于冷的大智者的风骨。"杨绛平生以卑微为隐身衣,企慕着"万人如海一身藏",自有一种野草野菜不求美人折,只求开一朵小花报答阳光雨露之恩的智者风范。这与兰德诗中的意象和境界不正异曲同工吗?

现代作家、翻译家,"未名社四杰"之一李霁野先生也曾译过兰德的这首小诗,他的译诗是这样的:

> 我不和人争斗,
> 因为没有人值得我争斗,
> 我爱自然,其次我爱艺术;
> 我在生命的火前,
> 温暖我的双手;
> 一旦生命的火消沉,
> 我愿悄然长逝。

这首诗最初收入李霁野的译诗集《妙意曲》。一九九七年,八十七岁的李霁野先生将一九二八年至一九八六年近六十年间所作散文汇编为一集,名之曰《温暖集》,并将兰德这首诗冠于卷首作为题词。甚至,书名也富蕴着兰德这首诗的象征意味。

据一位研究"七月派"的文友说,诗人绿原也译过这首诗,惜未见。真有巧缘,最近于安庆书店买得一本《剑桥的书香》(徐鲁著),我在书中的《闲读偶记》里读到了绿原的译诗：

> 我不与人争，胜负均不值。
> 我爱大自然，艺术在其次。
> 且以生命之火烘我手，
> 它一熄，我起身就走。

三位老作家的译诗各臻其妙。从中可知三位文学老人人格学问、思想文章的高尚风范。三位文学老人翻译的兰德的这首小诗，树起了人生境界的"座右铭"。诚如青年散文家徐鲁所说："希望更多的老人都能看这几行诗。年轻人也应该读一读。它也许会使我们的人生变得更乐观，更从容，更美丽和纯洁一些。"

(原载《散文百家》一九九八年第二期)

徐迟译品处女集 《明天》

一九三八年五月,二十四岁的青年诗人徐迟作为流亡文人挈妇将雏随戴望舒全家从上海逃难到香港。一九四二年,徐迟又从香港来到重庆。他在歌乐山的大天池旁边的一个名叫蒙子树的小村子里借住了一年时光。在这富有田园之美的很诗意的乡间,徐迟做成了自己平生颇为惬意的几件事。一是写出了一本《诗的诞生——一个美学的尝试》的诗论著作。第二件事,便是他受雅典娜女神的招引,完成了世界文学翻译的一个创举,即首次用汉语诗体的形式选译了荷马史诗之一的《伊利亚特》。他一共译了十五个片段,共七百余行,书出版时题名为《依利阿德选译》。而同时做成的第三件事,则是圆了翻译雪莱抒情诗的梦。下文专说徐迟译雪莱。

早在香港那三年,"在月夜有小鹿闯来游玩的'林泉居'"的徐迟就萌生了译雪莱的愿望。但苦于一时找不到雪莱诗集的"较好的版本"以及雪莱研究的相关资讯,他只是依凭一本《十九世纪英国诗选》选译了雪莱抒情诗若干首,并打算送给《诗歌的土地》丛刊发表。然而后来终于没有结果。这回从香港逃难到重庆,刚好译毕《伊利亚特》的十五个片断,徐迟的一位朋友,也就是一九三八年五月从上海逃

《明天》书影

难到桂林并在桂林办了一家名为"雅典书屋"的小型出版社的盛舜，来信邀约徐迟译雪莱诗，拟定出一册雪莱诗集。用徐迟当年的话说，这位朋友"跟我不知烦了多少次舌头，要我译雪莱"。不能再对不住朋友了！于是，徐迟将在重庆蒙子树译的，连同香港时译的，一共十七首，寄给了地处桂林施家园三十三号的雅典书屋。

一九四三年春，桂林雅典书屋出版了这些译诗。十七首诗依次为《赞知性底美》《给玛丽》《攸加尼群山中作》《西风歌》《敏感树》《歌》《云》《云雀颂》《问题》《时间》《无常》《哀歌》《希腊寄诗》《明天》《赠诗》《歌：当灯火粉碎》《挽歌》，其中徐迟直译为《敏感树》的这首诗，后辈译家均译为《含羞草》。译诗中刚好有首《明天》，译诗集就以《明天》为书名。《明天》一诗共六行，兹录如后，以供同好欣赏：

> 你在哪儿，可爱的明天，
> 　老的小的，强的弱的，
> 富的贱的，我们永远
> 　在苦甜中把你的微笑寻找，
> 在你那里，——啊，化了一天了！
> 我们找到了我们丢掉的——今天。

纵观雪莱的一生，一面是诅咒、揭露和无情抨击丑恶的现实，一面是满怀信心地预言未来。雪莱一刻不停地寻觅可爱的明天，但是他找到的却总是自己所要逃避的今天。憧憬着明天，而又不能逃避今天，反之益加憧憬明天，这正反映了雪莱的对明天追求的执着。也反映了译者身处国家内忧外患之时追求明天的执着。这也许就是徐迟以《明天》命其译诗集书名的直接原因所在。当然更因为这本译诗集孕育在如火如荼的抗日烽火之中。

这本薄薄的译诗集的书末，还附录了徐迟同时期写的一篇近万字的《雪莱欣赏》，据说当时徐迟写这篇长文时手中只有唯一的一本可以帮他解读雪莱的桑茨倍莱的评论集，而且还是柳无忌借给他的。徐迟在《雪莱欣赏》中称雪莱"是一个一直到骨头里都是革命的诗人"，他的每一首诗都是一份"挑战书"。文中还说，"把一个奴才解放了，还是一个奴才。只有把内心已经解放了的自由人的镣铐解除，被解放的才是一个真正的自由人。雪莱和拜伦在启发和教育欧洲人的自由的灵感这一点上，是有辉煌的成绩的……雪莱同拜伦都是开放民众灵魂的诗人。在攻击思想的巴斯蒂尔的桎梏，欧洲封建社会各种观念的堡垒的时候，雪莱和拜伦都是领导先驱的。而首先向'暴虐'作猛攻的是雪莱"。这些论述可以说都恰如其分地抓住了雪莱思想灵魂的精髓。

至于为什么将《赞知性底美》这首译诗放在《明天》一书的卷首，徐迟也有他的考虑。在这首译诗的后面，徐迟写有很长的注文，其中一节云：

> 雪莱追求至高的美，他又知道这种追求是一种徒劳；他追智慧，明知道不能满足。有的诗人把理想化为现实，雪莱的习惯却把现实理想化。因此，我们也可以说，在雪莱的全集之中没有一首诗不是把这个"赞知性底美"作为题材的了。他所歌颂的云雀、西风、敏感树、攸加尼群山等，都不是这些飞禽、元素、花木、山水的现实，而是从这些现实中理想化起来的知性底赞美。就是因为这个原因，我把这首诗译出来放在卷首的。

徐迟在《雪莱欣赏》这篇长文中还说："我不是一个译雪莱的合适的人。"徐迟晚年回忆那一时段的情景仍然说："其实我之翻译《依利阿德》和雪莱，在当时都是不够格的，如此不自量力，只能贻笑大方了。"（转引自徐鲁《黄叶村读书记》，第一六二页）无论从前说的，还是晚年说的，自然这都是自谦之辞。同时也证明了译事的艰辛。况且，在翻译这份苦活中又数译诗最难。然而，在整个新文学时期，能在那么艰苦的环境条件下奉献如此可观的翻译雪莱的成绩，恐怕还首推徐迟。因为，早在一九二六年三月由上海泰东图书局初版的收入"辛夷小丛书"由郭沫若编译的《雪莱诗选》，总共只有九首译诗，其中郭诗八首，另一首《哀歌》还是成仿吾译的。至于译文质量，徐迟也是优于郭的。徐迟翻译《伊利亚特》和雪莱抒情诗之前，就已有译诗方面的相当成熟的经验。一九三三年，徐迟就在施蛰存等人主事的《现代》第四卷第二期发表了他翻译的美国林德赛的长诗《圣达飞之旅程》，同期的《现代》还配发了徐迟题为《诗人Vachel Linasay》的评介文章。从此，徐迟也就踏上了他作为翻译家的旅程。即使将徐迟的译本《明天》摆在今日的译林中，与查良铮、杨熙龄、江枫等众多名家的雪莱诗的译品相较，徐迟的译品仍然是光彩熠熠的奇花。徐迟的译诗集《明天》尽管未能穷尽雪莱原诗的幽微精妙，在徐迟的坎坷译路上，却永远具有里程碑的意义。

拙文为何在文题中称《明天》是徐迟的译品处女集呢？其理由有二，（一）虽说徐迟译荷马史诗、雪莱抒情诗同时是在蒙子树村竣工的，但《明天》出版在先，即上文说到的"一九四三年春"，这已有此书的版权页为证。而《依利阿德选译》，则迟至一九四三年七月才由重庆美学出版社出版，列为冯亦代主编的"海滨小集"丛书第三种。（二）一九三六年秋，徐迟曾将海明威的小说《永别了战争》一书的译稿交给上海一家所谓"启明书局"的编辑钱公侠（类似今日之不法书商）手中，从此石沉大海，徐迟再也没见到自己的《永别了战争》的译本出版。因此，一九三三年十二月发表于《现代》第四卷第二期的《圣达飞之旅程》，可视为徐迟译品处女译。而真正以单行本立于译林的徐迟译品处女集，只能是这部以《明天》为书名的雪莱抒情诗选集。

众多的新文学辞书在"徐迟"的条目下都提及《明天》这部徐迟译品集。由于编撰者未能亲见实物，均语焉未详。即使《中国现代文学总书目》（福建教育出版社，一九九三年十二月初版）这一巨卷辞书的"翻译文学卷"编撰者恐怕也未见到实物，只是照抄现有的资讯且凭妄自揣测写出如下简单至极甚至留有一处出版年份差错的辞条释说：

明天　　诗歌。[英]雪莱著，徐迟译。桂林雅典书屋一九四二年出版。

关于"雅典书屋"，魏华龄编著的《抗日战争时期桂林书店、出版社简介（上）》（刊政协桂林市委员会文史资料研究委员会一九八五年十二月内部发行《桂林文史资料》第七辑）是这样叙述的：

典雅书屋，一九三八年底开业，经理盛萍，地址在施家园。

是"雅典书屋"，而非"典雅书屋"。主事"雅典书屋"的是盛舜，而不是盛萍。

据说《明天》这部译品处女集，译者徐迟本人也无藏。与晚年徐迟过从甚密的青年诗人徐鲁曾在《徐迟：坎坷译路》一文中不无感叹："……但这本书现在没有找到。或许也如《永别了战争》一样，《明天》也早已和我们'永别'了"，徐迟的藏书中没有这本《明天》，我想恐是与抗战期间图书发行的非正常状况有关。新文学史家王瑶先生也未能亲见《明天》这本小小的译品集，他在《新文学史稿》第十二章《诗的主流》一节就误认为《明天》为徐迟的诗创作结集。然而，这本一九四三年春由桂林雅典书屋印行，桂林文化供应社总经售的《明天》，寒斋却有幸藏存一册。乙酉八月邮购于古丝绸之路上的西域名城兰州。四十开方形小本，那吝于用色素淡至极的封面设计以及扉页、封四的设计，保持了战时出版物的朴素风貌，处处显示出不知名的设计者秀雅的装饰风格。内文一六三页，采用原始的薄而略显粗糙的黄色草纸印刷。六十余年的书海沧桑，故纸犹香的小诗集依旧那么柔韧耐翻，毫无一触即逝落华满地之忧。在世界反法西斯战争胜利六十周年暨中国人民抗日战争胜利六十周年之际的国庆黄金周，我凭临书房的西窗，沐浴着斜阳翻览这本薄薄的译诗集，对于雪莱这位"身在傍晚，身处冬日""为了黎明思索，为着春天歌唱"的"天才的预言家"，对于不畏坎坷艰辛译出这本诗集的诗人徐迟，对于在艰苦卓绝的岁月里印行这本小诗集的"雅典书屋"及其主事者盛舜，真是由衷地充满了敬意。

二〇〇五年十月六日—七日

（原载《出版史料》二〇〇六年第一期）

《散文诗》：巴金给"文生社"十岁生日的礼物

一九三五年五月，文化生活出版社创办于上海。也就是在这年的五月，巴金在东京开始试译屠格涅夫的散文诗。他最早译出的一篇是《门槛》。这篇讴歌献身精神的散文诗据说是为纪念俄国女革命家索菲亚·别洛夫斯卡亚而写，是巴金最喜欢的文章。巴金译出后，当年即发表在六月出版的《中学生》杂志第六十五号。赓即又译出《乞丐》《俄罗斯语言》《工人和白手人》(此三篇发表于一九三五年八月十六日《译文》第二卷第六期)，《二富豪》《白菜汤》《我们要继续奋斗》《蔷薇花，多么美，多么新鲜》(此四篇发表于一九三五年十二月十六日《文学季刊》第二卷第四期)，《蔷薇》《马霞》(此二篇发表于一九三六年三月十六日《译文》新一卷第一期复刊特大号。顺便指出，《巴金译文全集》第三卷《散文诗》部分对此二篇最初发表处均错注为"《译文》第一卷第一期")，然而巴金译出这十篇之后却忽然搁了笔。他本想在半年内完成"试译"屠氏散文诗"这件小小的工作"的，如今突然搁下来，文化生活出版社的创办应该是一个重要的原因。

一九三五年八月，巴金离开东京到横滨乘加拿大皇后号轮船回国。到上海后寄寓在虹口麦加里二十一号。作为创办人之一，巴金在后来的岁月里几乎全身心投入了"文生社"的总编辑工作。

一九四五年三月，为纪念文化生活出版社建社十周年，巴金在重庆用了整整三周时光译完屠格涅夫的散文诗，且将一九三五年在东京译出的十篇归拢，共五十一篇，编定为《散文诗》并作"后记"。巴金在《后记》中说："十年流矢般地过去了。我没有能够摆脱文化生活社的事情。而文化生活社也始终没有打好一个牢固的基础。而这期间，我们的国土遭受到敌骑的蹂躏。在抗战中文化生活社尽过它微弱的力量，也遭受过不小的损失。可是它仍然存在，虽然不健康，但它毕竟活到十年了。这十年虽然飞如流矢，却也过得不易啊！为了庆祝它这十岁的生日，我拿不出像样的礼物，我非但两手空空，而是'心贫'。我只好求助于屠格涅夫，向他借一份礼品。他不会拒绝我。花去三个星期，我译完了他的散文诗。我借用他的一句话送给这十岁的孩子：'我们要继续奋斗！'"五月，《散文诗》一书作为"文化生活丛刊"第三十六种由文化生活出版社在重庆初版。人民文学出版社一九九七年六月版《巴金译文全集》第三卷第四〇二页对《散文诗》的初版著录略有小误，确切著录应为"一九四五年五月文化生活出版社（渝）初版"。而福建教育出版社一九九三年十二月版由贾植芳、俞元桂主编之《中国现代文学总书目》对巴译《散文诗》初版的著录是正确的。一九四七年六月，巴译《散文诗》作为"文化生活丛刊"第三十一种在上海印行第三版。寒斋所藏即为这个本子。关于巴译《散文诗》何时印行第二版，《巴金译文全集》著录为"一九四五年十二月再版"，而《中国现代文学总书目》则著录为"一九四六年九月沪二版"。究竟谁是正确的，因手边无实物判定，暂且存疑。

巴金试译的作为"文生社"十岁生日礼物的《散文诗》在中国现代翻译史上是一个流传甚广，影响颇大的译本，也是一个很有特色的译本。巴金试译之前，最早把屠格涅夫散文诗译介到我国的是刘半农,他曾于一九一五年译过几篇刊于中华书局出版的《中华小说界》。而徐蔚南、王维克合译,一九二三年六月青年进步学会初版收四十篇的《屠格涅夫散文诗诗集》可谓第一个中译本。之后,一九二九年十二月北新书局出版了白隶、清野合译的《屠格涅夫散文诗》,共收四十九篇。一九三〇年七月,又有罗森译,世界文艺出版社收五十一篇的《屠格涅夫散文诗》。巴译《散文诗》初版后仅一个月时间,则又有李岳南译一九四五年六月重庆正风出版社初版收三十九篇的《屠格涅夫散文诗集》行世。有人评价巴译《散文诗》"译笔生动,传神,是在信、达、雅方面下过功夫的"①,这不动脑筋袭用陈言套语来称誉巴译不仅没有突出巴译特色的精髓,甚至有溢美之嫌。其实,巴金对自己的译品态度一贯冷静。早在一九四五年三月巴金为《散文诗》所作《后记》中就坦诚地说过,屠格涅夫的散文诗"经我译出却成了笨拙的短文,诗的情味已经被我丢光了。我无颜妄称翻译,只敢在这里用'试译'二字"。虽说只有《散文诗》这册译品巴金明明白白地在封面上标明"试译",但是,巴金的所有译品无一不是"抱着学习的态度""试译"② 出来的。甚至在他的晚年,他依然在《巴金译文选集》的序言中这样表白:"我并不满意自己的译文,常常称它们为'试译',因为严格地说它们不符合信、达、雅的条件,不是合格的翻译。可能有人说它们'四不像':不像翻译,也不像创作,不像外国前辈的作品,也不像我平时信笔写出的东西。但是我像进行创作那样把我们的感情倾注在这些作品上面。丢失了原著的风格和精神,我只保留着自己的那些东西。可是我的译文是跟我的创作分不开的。"记得有

---

① 罗定金:《巴金试译〈散文诗〉》,《藏书报》二〇〇六年十二月二十五日第六版。

② 巴金:《一点感想》,一九五一年五月十五日《翻译通报》第二卷第五期。

一位卓有成果的巴金研究学者对巴金这番话有着这样很深刻的理解与诠释："巴金当然有替自己译品辩护的目的，但他以暴露不足之处的坦率，却实实在在地道出了他在从事翻译时所遵循的一个原则，即从外国文学乃至外国文化中寻找'我自己'所需要的'东西'，体现在译品中，便是果断'丢失'不需要的'东西'，只保留自己想传给国人的东西。"① 也就是说，巴金译品的最大特色就是有"自己的"东西。巴金翻译外国前辈的作品，不过是借别人的口讲自己的心里话。

巴金翻译外国前辈的作品，是有着自己的选择的。巴金不止一次说过："我只是选择我喜欢的，笔调跟我相近的书。"②"我只介绍我喜欢的文章。"③ 在一次回答一位外国记者的问话时，他曾说："我写作只是为了战斗，当初我向一切腐朽、落后的东西进攻，跟封建、专制、压迫、迷信战斗，我需要使用各式各样的武器，也可以向更多的武术教师学习。我用自己的武器，也用拣来的别人的武器战斗了一生""别人的文章打动了我的心，我也想用我的译文打动更多人的心。不用说，我的努力始终达不到原著的高度和深度，我只希望把别人的作品变成我的武器"。④ 巴金一再重申，他的译品虽然是"试译"，它们也曾帮助他进行过战斗，他的译品，是他生活的一部分。检视巴金的译品，主要是屠格涅夫、赫尔岑、高尔基等人的作品，而其中又尤以屠氏作品为最多。巴金每每谈及自己的创作受哪些域外作家影响最大时，其中必然要谈到屠格涅夫。诚如另一位巴金研究学者

---

① 龚明德：《巴金译事三题》，岳麓出版社，二〇〇五年三月版，《书生清趣》第一九五页。

② 巴金：《一点感想》，一九五一年五月十五日《翻译通报》第二卷第五期。

③ 巴金：《〈巴金译文选集〉序》，《巴金译文选集》，生活·读书·新知三联书店，一九九一年版。

④ 同上。

所指出的:"屠氏的抒情典雅的文体,热情酣畅的叙事风格都可在巴金创作中找到某些影响和渊源关系。"① 因此,巴金试译屠氏《散文诗》同样是为了战斗,譬如《门槛》,譬如《我们要继续奋斗》……当巴金怀着勇于跨越可能会遇到的各种困难和牺牲的门槛这一坚定信念献身于"文生社"编辑事业,伴随"文生社"同人走过风风雨雨的十年征程的时候,巴金将《散文诗》这部译品作为贺礼,应该说是一份最丰富又最有意义的礼物了。

就像不断修改他的名作《家》一样,巴金也不断地修改他喜欢的译品集《散文诗》。倘将当年"文化生活丛刊"本《散文诗》与《巴金译文选集》中的《散文诗》逐一对读,修改痕迹随处可见。有的重点篇什甚至是重译。如收入《巴金译文选集》及《巴金译文全集》中的《门槛》一篇就是一九八四年十月重译的。通读《巴金译文选集》收入的《散文诗》,我以为巴金当年的"流畅或漂亮的原文应该被译成流畅或漂亮的中文"②的理想愿望已通过他的不断修改而达到了。此外,很多篇什的题目也都改动,如:

"文化生活丛刊"本	"巴金译文选集"本
田野	乡村
我的敌人	对手
愚人的裁判	蠢人的裁判
满意的人	得意的人
两节诗	两首四行诗
头颅骨	头骨
蔚蓝的国	蔚蓝的王国

---

① 丹晨:《读"巴译"散记(下)》,《博览群书》一九九八年第五期。

② 巴金:《一点感想》,一九五一年五月十五日《翻译通报》第二卷第五期。

访员	记者
纪念 UP 伏列夫斯加亚女士	纪念幽·彼·弗列夫斯卡雅
工人和白手人	干粗活的工人和白手人
自然	大自然
……	……
祷辞	祈祷

当然,这节内容早已逸出本文的题旨。若细加对勘并从比较修辞视角加以品评巴金试译《散文诗》新旧版本的异同,只能俟诸来日且备齐不同版本甚至英文本、俄文本另起炉灶另择题目加以细叙了。

(原载《绿土》二〇〇九年九月,总第一百一十五期)

毛姆的小书《书与你》

写过《人性的枷锁》《月亮与六便士》《刀锋》等名著的英国大作家毛姆曾写过一本独具风采的小书,即《书与你》。书评家徐雁称这本小书是一本"世界文学名著导读集"。斯言极是。作为僻居乡间的爱书者,我平日就是依凭这本小书随着毛姆去畅游西方文学名著的百花园的。

《书与你》是毛姆于二十世纪三十年代末应美国著名的文艺周刊《星期六晚邮》之邀请而写的三篇专栏文章的结集。作者在书的"序论"中说:"我的目的只是为了给那些面对着往昔著名作家的庞大遗产而不知所从的读者,开列一张书单,使任何人只要对这些精神财富有兴趣,就能愉快地欣赏阅读,并且从中获益。"所以,在书中毛姆始终极端固执地宣称并强调自己的读书观。毛姆说:"我要坚持的就是:阅读应该是一种享受。""我个人认为,如果把阅读陈义过高,当作一种辛劳的工作,实在是非常不妥当的劝告。阅读是一种愉悦,是生活所能提供的最大的快乐之一。""每个人都是他自己最好的批评者。不论学者们对一本书的评价如何,纵然他们众口一致地加以称赞,如果它不能真正引起你的兴趣,对你而言,仍然毫无作用。别忘了批评家也会犯错,批评史上许多大错误往往出自著名的批评家之手。你正

《书与你》书影

在阅读的书，对于你的意义，只有你自己才是最好的裁判。这道理同样适用于我即将推荐给你的书……如果认为这些对我具有重大意义的书，也该丝毫不差地对你具有同样的意义那真毫无道理。""一本书影响你的唯一重点，就是它对你的意义，即使你的看法与全世界其他任何人不同也无关紧要，只有你自己的看法对你才是有用的。"毛姆真不愧为一个执着于自己的文艺理想且富有鲜明个性的作家和批评家（虽然他写这本书并非站在批评家的立场）。毛姆并不好为人师，他谆谆说了上述一番话，其旨正是鼓励、引导读者们要以独立思考与评判的精神去读书，并且要为乐趣而读书。因此，毛姆又从英国文学、欧陆文学、美国文学三个方面以自己的视角择取近五十位作家及作品加以简明的推荐，导读中不时辅之以明快直率的有时甚至是近乎尖刻的批评。如书中"美国文学"部分的《爱默森》一文，是有相当代表性的一篇。毛姆这样评价爱默森的散文："由于爱默森是一个演说家，当他执笔时似乎也像站在讲台上一样，他的声音与风仪一定替他的论说增色不少。但在印成铅字之后，这种魅力便丧失了。说实话，我无法从他那鼎鼎大名的散文集中获得多少利益和愉快。他往往只一念之差就要落入陈腐的窠臼。爱默森具有用图画般的句子来描绘事物的天赋。但这些句子常常缺乏意义。他是一位灵敏的溜冰者，在结冻的平凡滥调上刻画出雅致的纹路……但既然爱默森已是如此著名的作者，我们一定会忍不住自然的好奇心想知道，他究竟凭什么能在文学界中占有如此的地位。因此，我想推荐你去读他的《英国国民性》。在这本书中，由于他处理的只限于具体的题材，因此比较没有他在散文集中耽迷于暧昧、松懈、肤浅思想的弊病。他写得比他的任何其他著作都要鲜活、正确而令人愉悦。我的的确确觉得读这本书是一种享受。"像这样有褒有贬，好处说好，坏处说坏，坦陈己见，毫无顾忌的批评在书中比比皆是。怪不得这些文章发表之后，在读者中口碑甚佳、好评如潮了。这些导读和批评，不仅值得我们这些"面对着往昔著名作家的庞大遗产而不知所从的读者"好好诵读，某些八面玲珑的所谓"批评家"也应好好地读一读。若是在哪一天，我们的批评界多出了一些毛姆这样的批评家，读者也就不会因为批评家的误导而上当受骗。

手头这本《书与你》，由花城出版社一九八一年九月出版，小三十二开，八十四页，总字数不过六万，地地道道的一本戋戋小书。是书原价九角，九年前我以两倍价钱得于繁昌县城汽车站的旧书摊。后来在书友徐雁的《秋禾书话》里得知此书还有另外一种汉译本，即台湾志文版。徐雁说台版的《书与你》书末附有《毛姆的畅销书论》《毛姆的世界》和《毛姆年谱》，资料丰富翔实，而花城版则"如同麻沙，殊不足观"。然而对于乡间的爱书者来说，能得花城版已够幸运了。在乡间的寂寞的书房里，许多年来，这本完全拧净了水分，精粹到似乎无法再精粹的程度而又充满魅力的小书，为我带来了诸多的实惠和心灵上的慰藉，它始终是我"珍爱的小书"。无怪乎那位"家住江南黄叶村"的书友说："小书有小书的美。"

（原载《译林书评》二〇〇二年十一月十五日，总第三十四期）

伍光建译述的《孤女飘零记》

英国女作家夏洛蒂·勃朗特最有名的长篇小说《简爱》于一八四七年十月问世，小说出版时，作者的署名为"柯勒·贝尔"。整整六十年后的一九二七年，我国近代译坛上以白话翻译域外小说颇具慧眼的前辈伍光建注意到了这部"描写细腻，语气亲切以真实感人而取胜"（引自龚明德《李霁野译〈简爱〉二则》）的名著，且以《孤女飘零记》为书名从原著节译成汉文，作者的姓名被译为"夏罗德·布纶忒"，小说主人公Jane Eyre被译为"真亚尔"（书中简称柘晤）。原著共三十八章，四十余万字，伍氏节译的文字共三十二万余字。有趣的是，伍氏采用的是章回体，亦是三十八回，每回且有标题。

在近现代译坛上，伍光建（一八六六——一九四三）是一位从事翻译由业余而专业前后长达五十余年，译品达一百三十余种，不仅有文学鉴赏眼光，而且翻译水平也相当高的翻译家。他十五岁考入天津北洋水师学堂，在总教习、著名翻译家严复教诲下，受过严格的中文英文的双语训练。二十岁留学英国格林威治皇家海军学院深造五年。除修习本身专业外，兼攻并广泛接触了英国和欧洲文学。伍氏翻译的文学作品，主要是十八、十九世纪的欧洲古典名著。他最早翻译的外国小说是从英文本转译法国大作家大仲马的《侠隐记》和《续侠隐记》。由于他有较高的中文素养，又精通英语，所以他的译笔很好地达到了严复所要求的译文三大标准"信、达、雅"。二十世纪二十年代茅盾曾为伍译《侠隐记》作过评注，对伍氏的译文与原著进行比较研究，并给了很高的评价，"译者有删削而无增加，很合乎大众阅读的节本的原则，不像林译似的删的地方尽管删，自己增加的地方却又大胆地增加""译者的白话文简洁明快，不是旧小说里的白话"（语见《茅盾回忆录》）。胡适亦曾在《论短篇小说》一文中说："吾以为近年译西洋小说，当以君朔所译诸书为第一。君朔所用白话，全非抄袭旧小说的白话，乃是一种特创的白话，最能传达原书的神气，其价值高出林纾百倍。"笔者曾将《孤女飘零记》与李霁野、祝庆英等人所译《简爱》对读，深感茅盾、胡适对《侠隐记》译文的评价同样适合这本《孤女飘零记》。二十世纪三十年代，茅盾又写过一篇论述伍光建、李霁野翻译《简爱》的比较文章，即认为伍氏的节译本在当时"已经是相当好的本子"（语见茅盾《〈茅盾译文选集〉序》）。近年，山东大学教授、近代文学研究家郭延礼对伍氏的翻译贡献曾给予高度的关注。他在《中国近代文学发展史》第四十二章曾这样评价伍光建："就译文的质量而言，他是近代翻译小说家中质量最高的少数人之一，译文简洁明快，且态度严肃，选译底本审慎，代表了近代翻译文学后期忠于原著，重视选本的文学性，重视译文质量的一种新风气。"

虽说伍光建译述《孤女飘零记》起笔于一九二七年，但直到八年后的一九三五年九月才由商务印书馆收入王云五主编的《万有文库》以窄三十二开六小分册的薄本出版，比李霁野的译本《简爱自传》于一九三五年八月出刊的《世界文库》第四册起开始连载迟了一个月。一九三五年十二月，商务印书馆又将《孤女飘零记》收入另一套丛书即"新中学文库"以正三十二开分上、下册初版，正文六百九十页。到一

《孤女飘零记》书影

九四七年二月这种"新中学文库"本的《孤女飘零记》共印行了六版。寒斋收藏的正是这种本子的第六版。书前有伍氏署以笔名"君朔"写于民国十六年立夏日的"译者序"，略云：

> 此作不依傍前人，独出心裁，描写女子性情，其写女子之爱情，尤为深透，非男作家所可及，盖男人写女人爱情，虽淋漓尽致，但能鞭辟入里，其实不过得其粗浅，往往为女著作家所窃笑。且其写爱情，仍不免落前人窠臼，此书于描写女子爱情之中，同时并写其富贵不能淫，贫贱不能移，威武不能屈之概，为主子立最高人格，是故此书一出，识者当视为得未曾有，不胫而走，及知名之后，文人名士贵族，无不甘拜下风，争欲一识其面。

译序很短，仅五百余字，然而却缕叙了"夏罗德·布伦式"的身世以及对文学的矢志不渝的奋斗，以至于成名为世所钦仰，以至于芳年不永后世人们搜辑其遗文视其片纸只字如同至宝的历程，可视为一篇文质兼美的微型作家论。于斯亦可见出伍氏"重视选本"独到而敏锐的文学眼光。

如今，《简爱》这部驰名世界的文学经典已先后有了李霁野、祝庆英、吴钧燮、黄源深、凌文等多家全译本，人们甚至更加青睐李霁野译本，最近辽宁教育出版社又推出了戴侃的新译本。面对《简爱》新译本不断涌现异彩纷呈的风景，人们似乎已淡忘了伍光建译述的《孤女飘零记》，然而毕竟没有"芳林新叶摧陈叶"，伍氏的节译本是经得起翻译史检验甚至是别的译本替代不了的译本，也永远是一部有独特魅力有生命力的已进入现代翻译宝库的译本。

（原载《译林书评》二〇〇四年九月十五日，总第四十六期）

李健吾译屠格涅夫

一九四九年八月，上海实验戏剧学校改名为上海市戏剧专科学校。自此时一直到一九五四年七月离开上海，这五年时间，李健吾除了仍在复旦大学做兼职教授外，其主职则是担任上海戏剧专科学校戏剧文学系教授和系主任。在这个岗位上，他为学生开设了"剧本分析"课。但由于缺乏教材，集小说家、散文家、剧作家、文学评论家于一身，其时也已是著名文学翻译家的李健吾便据英译本译出高尔基、列夫·托尔斯泰、屠格涅夫等人的戏剧来作为"剧本分析"这门课的教材。对此，韩石山著《李健吾传》（北岳文艺出版社，一九九六年十一月初版）第十章《剧专时期》也略有叙述。这些作为教材的剧本，数屠格涅夫的剧本译出最多，共九种。哪九种呢？韩石山先生并未明说。查权威可靠史料，李健吾译出的屠格涅夫剧本有三幕剧《单身汉》、三幕剧《疏忽》和《落魄》、两幕喜剧《食客》、独幕喜剧《什么地方薄什么地方破》《贵族长的午宴》《内地女人》《扫仑太的黄昏》《大路上的谈话》（片断），刚好九种。于此可证，韩石山先生是一位严谨的学者型作家，写文学传记，始终恪守落笔必有据。对于"小说家言"，他是不屑一顾的。

在整个剧专时期，作为自由主义知识分子，李健吾处境并不太好。然而他依旧潜心一志翻译和研究外国古典戏剧以解教材缺乏的燃眉之急，在课堂上教课也是一丝不苟。用当下时兴的词来表述，即敬业爱岗，尽职尽责。其时与李健吾同在戏剧文学系任教的魏照风，对他此一时段的工作与为人曾有十分真切的记述："他为筹建戏文系和培养年轻一代的戏剧创作人才，煞费苦心，全力以赴。健吾上课非常有吸引力，举例精辟，议论风生，尤其对中外文坛掌故非常熟悉，俯拾即是，增加了讲课的魅力，并能引导同学对某些戏剧问题，进行研究探讨，甚至系外同学也来旁听，有时窗台上都坐满了人。"（转引自《李健吾传》第三六五页）一九五四年初，文化部正式下达调令，调李健吾任北京大学文学研究所研究员，虽说他去意急切，但并未当即成行。"他得将所带的课讲完，对得起学生，慎始而善终。老马恋栈，往后不会再上讲坛了，他不会不有所留恋。"七月，学校放了暑假，李健吾方心情复杂地携一家大小离开奋斗了二十年的上海。（参见《李健吾传》第三六八—三六九）

李健吾译出的屠格涅夫的九个剧本，均由巴金的弟弟李采臣负责具体事务的上海平民出版社出版。因为平明出版社是一九四六年年底由巴金、李健吾、王辛笛诸人投资创办的。李健吾所以投资这个出版社，是因了他与巴金兄弟的情深意笃。这九个剧本，平明出版社出版时，以《屠格涅夫戏剧集》为总题，收入"新译文丛刊"，共四集。有些文学工具书对此记载，不甚切合实际史况。如北京出版社一九八四年三月初版上下两册由戈宝权、朱维之、朱雯、赵瑞蕻、雷石榆等人任特约顾问的《外国文学手册》，在"中国外国文学研究翻译工作者"部分的"李健吾"条下记载为"《屠格涅夫戏剧集》（二册，一九五一—一九五四年平明出版社）"，而北京语言学院编，四川人民出版社一九八二年三月初版《中国文学家辞典》（现代第二分册）的"李健吾"条下则记载为"《屠格涅夫戏剧集》（四册，一九五〇年，平明出版社）"。上述二书，前者误在册数，后者误在出版时间。

愚以为，由国家出版事业管理局版本图书馆编，中华书局一九八〇年十月初版的《1949—1979翻译出版外国古典文学著作目录》对李健吾译平明出版社出版的《屠格涅夫戏剧集》的记载是较为权威可信的，兹将其内容撮要叙述如后：

《落魄》（屠格涅夫戏剧集：（1）一九五一年六月至一九五四年七月印了三次，共六千五百册，本集包括三幕剧《疏忽》《落魄》，独幕喜剧《什么地方薄什么地方破》三个剧本。

《贵族长的午宴》（屠格涅夫戏剧集：（2）一九五二年六月至一九五四年七月印了四次，共七千册，本集包括两幕喜剧《食客》、独幕喜剧《贵族长的午宴》两个剧本。

《单身汉》（屠格涅夫戏剧集：（3）一九五三年一月至一九五四年七月印了二次，共七千册，本集仅收三幕喜剧《单身汉》一个剧本。

《内地女人》（屠格涅夫戏剧集：（4）一九五四年八月印了一次，共四千五百册，本集包括独幕喜剧《内地女人》《扫仑太的黄昏》《大路上的谈话》（片断）三个剧本。

之所以说"较为权威可信"，乃是因为寒斋藏有一册最近访得的《屠格涅夫戏剧集》第三集《单身汉》，"著作目录"上对《单身汉》的初版时间之记载刚好与本集版权页吻合。《单身汉》与屠格涅夫的成名作《猎人笔记》属同一时期的作品，描写"小人物"即一个老单身汉为养女选爱人的故事。书末有"后记"，是李健吾翻译及研究这部喜剧的心得。是书一九五三年一月首印六千册，可见其受欢迎的程度。不过，这本"著作目录"仍留给我们一个疑问，《内地女人》一书本应列为《屠格涅夫戏剧集第四集》为何列为第五集？是编撰者误记还是手民误排？在未见到实物之前，此处只好存疑，并就教于方家。

（原载《绿土》二〇〇五年十二月）

《单身汉》《落魄》书影

施蛰存编辑的戴望舒遗译《洛尔伽诗钞》

一九五〇年二月二十八日，诗人戴望舒因病突然逝世。为他经营后事——一个文人的后事，亦即保藏、编辑出版几卷遗文残稿，用力之勤之巨者莫过于诗人的最亲密的朋友施蛰存了。戴望舒逝世后的第六个年头，施蛰存就整理出版了戴氏的遗译《洛尔伽诗钞》。

翻译域外文学，几乎占去了戴望舒文学生涯的很多时间。戴氏除了法文以外又通晓西班牙文，译介法国和西班牙的诗歌，且是诗人最乐意之事。而对于西班牙的反法西斯诗人的诗歌及洛尔伽的谣曲，戴望舒尤其热爱和珍视。

弗特列戈·伽尔西亚·洛尔伽是西班牙人民诗人，也是一位跟不合理、不公平的社会势不两立的维护穷人和被压迫者的战士。戴氏翻译洛尔伽的谣曲，开始于二十世纪三十年代。一九三四年八月，戴望舒结束了里昂中法大学的学习，前往西班牙旅行。这次历时两月之余的观光游历，重要收获之一便是对洛尔伽的认识。后来戴望舒回到祖国，曾经和施蛰存谈起洛尔伽的抒情谣曲怎样地在西班牙全国为广大的人民所传唱之盛况："广场上，小酒店里，村市上，到处都听到美妙的歌曲，问问它们的作者，回答常常是：费列特戈，或者是：不知道。这不知道作者是谁的谣曲也往往是洛尔伽

《洛尔伽诗钞》书影

的作品。"其时，诗人就在这样的感动之下开始深深爱上了洛尔伽的诗歌。从西班牙回到法国，在滞留巴黎的日子里，戴望舒就选译了一小部分的洛尔伽的抒情谣曲，寄回祖国来发表。

一九三六年夏，洛尔伽遭佛朗哥法西斯分子谋杀。在全世界劳动人民和文学艺术家的哀悼与愤怒中，洛尔伽的声名远播到每一个文化的角落里。戴望舒回到祖国以后，抗日战争正如火如荼地爆发。这使每一位诚实的诗人都在民族利益的面前惊醒起来。戴望舒决定要把洛尔伽的诗歌尽可能更多地、更系统地介绍给我国的读者。为配合全民抗战，后来戴氏还从一九三七年马德里西班牙出版社刊行的《西班牙战争谣曲集》中选译了二十首诗，并拟定以《西班牙抗战谣曲钞》为名印一单行本，但后来却未见出版。这是题外话，打住！仍说《洛尔伽诗钞》。

翻译洛尔伽的诗歌，戴望舒十分重视，也经历了很长很长的时间。据施蛰存的回忆，直到一九四八年，施蛰存和戴望舒在上海见面时，施氏问起《洛尔伽诗钞》，诗人说还没有译完。其中原因，第一是因为洛尔伽的诗不容易译得好，一个民族的典型的文学形式，要在另一民族的语文中表达得恰到好处，的确是不容易。第二，洛尔伽的《诗人在纽约》的西班牙原文本戴望舒手边无存，因为诗人原想从这一个集子里多选译几首诗，把洛尔伽所走过的诗歌的道路更全面地介绍过来。而戴望舒的突然逝世，诗人留下的"不少未完成的文学工作"的其中之一——《洛尔伽诗钞》的编校整理自然也就落在了"作为朋友，作为爱好洛尔伽的同志"的施蛰存先生的肩上。

戴望舒的遗稿一共有译诗三十二首，都是从西班牙原文译出，也参考了一些英法文译本。洛尔伽的原诗有很美的音调，完全是运用文字声音的美来表达意象的美。而这些，中文往往无能为力。诗人虽然费过不少推敲功夫，但还是没能满意，可谓绞尽脑汁矣！戴望舒的遗稿中没有一首原属《诗人在纽约》这个集子里的诗。施蛰存在编集《洛尔伽诗钞》时,为弥补这个缺憾,施氏很是做了一些努力。施氏说:"我原想补遗两首最重要的诗,即《给哈伦区之王的颂歌》及《惠特曼颂歌》。我借到了西班牙原本,也有英法译本做参考,但是每篇都无法译好,因此只得藏拙。但为了不让洛尔伽这一段的创作生活在我们这个集子里成为一个空白,我还是选译了一首短短的《黎明》聊以充数。这不能不说是这部诗钞的一大缺点。"尽管有这个缺点,也算些许弥补了诗人生前的遗憾。

经施氏编校整理,并"在语文上稍稍作了些润色工作"且倾注了不少心血的《洛尔伽诗钞》于一九五六年六月由作家出版社初版,首印一万五千册。编者为它写了《编者后记》,并自美国《群众与主流》一九五三年八月号译出英国乔治·李森作《洛尔伽活在人民的心里》作为附录,以帮助我国读者更好地了解这位西班牙人民诗人。舍间藏存的一本,封面上盖有"煤炭工业部太原管理局图书室"的红色藏书印,书小三十二开本,九成新,由友人王永捷近日代访于太原南宫旧书市。此诗集的单行本后来似乎一直没有再印过,只是曾分别收入一九八三年四月由湖南人民出版社印行的《诗苑译林》丛书之一的《戴望舒译诗集》和一九八五年五月由浙江文艺出版社印行的《戴望舒诗全编》。前者由施蛰存应湘中友人彭燕郊之邀而编集,施氏写有《〈戴望舒译诗集〉序》。后者由施氏帮助编成的。施氏在编《戴望舒译诗集》时,估计是手边一时找不到《洛尔伽诗钞》单行本,故在"序"中留下了《洛尔伽诗钞》"一九五六年由北京人民文学出版社印行"这样的不合乎当年出版史况之误记。而《戴望舒诗全编》中《洛尔伽诗钞》之辑题为《关于洛尔伽和〈洛尔伽诗钞〉》的说明中那句涉及《洛尔伽诗钞》单行本当年出版史况的话,则是照抄施氏的误记。一九九〇年五月末,施蛰存又曾写有《诗人身后事》这篇怀念戴望舒的长文,文中关于《洛尔伽诗钞》当年出版史况的叙述就是根据实情写就的。估计这时,施蛰存的手边已拥有了《洛尔伽诗钞》当年的单行本。施蛰存是一位严谨的学人。他的极重友情,他对朋友的责任感,倒是让人想起了鲁迅先生当年为青年诗人殷夫的诗集《孩儿塔》作序时说过的一番话,"一个人如果还有友情,那么,收存亡友的遗文真如捏着一团火,常要觉得寝食不安,给它企图流布的"。施蛰存编集《洛尔伽诗钞》的这份友情将随着日月而永存。

(原载《译林书评》二〇〇七年三月十五日,总第六十一期)

吕叔湘译萨洛扬的《我叫阿刺木》

《我叫阿刺木》是美国现代著名小说家、戏剧家威廉·萨洛扬于一九四〇年问世的短篇小说集。一九四二年,吕叔湘将它翻译成中文,介绍给了我国的青少年读者。

威廉·萨洛扬(William Saroyan,一九〇八——一九八一)出生于加利福尼亚州弗雷斯诺的一个亚美尼亚移民家庭。八岁做卖报童,十三岁当电报送差,十五岁才进弗雷斯诺的公立小学读书。不久又放弃正规的学校教育,白天在他叔叔的葡萄园当助手,晚上就学着写小说。最初是模仿一般通俗刊物上的小说套路,写了不少篇。寄到这些刊物去,结果全被退了回来。于是恍然大悟:"我该有我自己的写法!"如此这般继续努力,所作《秋千架上的大胆青年》一篇刊载于《短篇小说》杂志上,大为编者勃奈特所赏识。而在萨洛扬的心里,却颇有感于文坛发现他的才华实在是太迟了。同年秋天,小说集《秋千架上的大胆青年》出版,萨洛扬遂为世人所知。

萨洛扬写小说,纯任自然,不事修饰,尤善运用方言土语。外间评论,毁誉参半。有的批评家说他写的不是小说。他却说:"我是个说故事的,我只有一个故事——人。我要说的是这个简单的故事,我爱怎么说便怎么说,我不理会修

《我叫阿剌木》书影

辞的规则，我不记得作文的秘诀。"然而，这部不按"小说作法"创作的《秋千架上的大胆青年》一出版，销路很好。萨洛扬拿到一笔稿酬，便用来做旅费，游历了一次亚美尼亚。

萨洛扬的作品多描写人们，特别是天真的小人物善良的本性，强调人活着要有志气，要公正、纯洁，而不应过分注重物质利益。而他的多数短篇小说均以他的童年时代和家庭生活为素材。《我叫阿剌木》一书所收入的《漂亮的白马》《石榴树》《未来的诗人》《情诗》《马戏班》《三十八号火车头》等十四个短篇小说，都出自同一个顽皮而聪明的孩子——阿剌木的自叙，而且叙事相互关联，文字鲜活。对于美国社会风习的描述，时而天真烂漫，幽默解颐；时而谈言微中，发人深省。书一出版，即当选为每月新书会的一九四〇年四月份推荐书。当时，美国名作家克里斯托弗·莫雷在评论这本小说集时称誉它足以表示萨洛扬已是"一个成熟的富有多种色彩的艺术家，真正的散文诗人，世界的少年们的发言人"。

吕叔湘翻译的这部有"真"也有"诗"的小说集，一九四三年六月由成都开明书店印行。译者写有《译者附记》。由于原书有一篇《石榴树》，译者就没用原来的书名，而是挑了这一篇作为书名。译者起初译其中三篇时，即被正在成都开明书店办事处主持编辑事务的叶圣陶先生发现并读过，说是"仿佛尝了一种新鲜的异味，爱不忍释"。于是恳请吕叔湘先生全译出来交开明书店出版。书印出来并一饱眼福后，叶圣陶先生当即写了一篇鉴赏文字《读〈石榴树〉》发表在一九四三年七月五日出刊的《中学生战时月刊》第六十五期上（后收入一九四五年一月重庆文光书店出版的《西川集》一书），一番鉴赏分析之余，圣陶先生还热情评价了叔湘先生那纯美的"译笔"："你翻开他译的这本《石榴树》，一眼看下去，意趣很好，这是原作者的功绩；如果你顺口说下去，享受更多，这是翻译者的贡献。"翻译者的贡献在哪儿呢？那就是"一方面保持着原作的美质，一方面融化为我国的语言"。圣陶先生还欣慰地说:"我读了四五遍,翻开来还是喜欢读。对于别的译品或创作,我似乎不曾有过这情形。"

二十世纪四十年代初,翻译家冯亦代先生正在重庆从事党领导下的文化工作。一个偶然的机遇,他在重庆西路口一家书铺里买到吕叔湘先生译的成都开明书店印行的《石榴树》,即为此书异乎寻常的诗意而倾倒,随后还写了一篇题为《"勇敢的年轻人"萨洛扬》的书话。从此冯先生与萨洛扬的作品结下不解之缘。且陆续收集到他的第一个短篇小说集《秋千架上的大胆青年》、长篇小说《人间喜剧》以及他的第一个戏剧《我的心在高原》。到了晚年,冯亦代先生在听风楼里又写有书话《萨洛扬:〈我的名字叫萨洛扬〉〈出生〉》。对这位"作品的字里行间发生不灭的光辉"的美籍亚美尼亚作家,冯亦代真是充满了一往情深。

一九五七年十一月,吕叔湘先生将这部译品集交由上海新文艺出版社出版。原译的作者名"索洛延"已改为如今的通译"萨洛扬",书名且恢复为《我叫阿剌木》,并将圣陶先生那篇《读〈石榴树〉》收入本书作为附录。此次重版首印一万一千册。后来有没有再印,不得而知。且不提当年的"开明版",即使这"新文艺版",如今恐怕也芳踪难觅了。真得谢谢书友王永捷,代我在太原南宫的旧书市场淘得了由著名语言学家翻译的,教育家、翻译家异口同声推荐的这样一部佳译。我得好好地善待它,珍藏它。

(原载《译林书评》二〇〇七年五月十五日,总第六十二期)

寻访阿索林
——爱书絮味之一

"阿索林是古怪的。"

阿索林,西班牙小说家,评论家。其本名为阿瑟·马丁内兹·路易士,他和巴罗哈、乌纳莫纳、培那文德同为"一八九八派"的代表作家。阿索林且又是西班牙随笔体小说的创始者,著名的散文高手。他的著名的作品有自传体小说《意志》《小哲学家自白》和短篇集《蓝白集》等。一九〇四年阿索林出版《小哲学家自白》这本自传体小说之后,他的本名反而鲜为人知了。"阿索林是古怪的"这句话就出自《小哲学家自白》。阿索林之古怪也,也许就在他的作品很难分清是小说还是随笔小品吧。

汪曾祺先生说"小说是回忆"。阿索林的那些难以界说是小说还是散文小品的作品都是用怀旧悲伤的调子写成的回忆。阿索林善于用他那种细致而疏淡、清新而幽雅的笔触勾画出一帧帧色泽沉郁且略带淡淡哀愁的油画小幅。这里面有风景有人物有故事,尽管是那么毫不起眼的芸芸众生,尽管是那么平淡无奇的涓滴小事,我们每一展卷就如临其境,领略到那浓郁的如画如诗的异国风情。阿索林用他的笔勾描着表现着生活的欢乐和苦涩,寂寞和忧郁,且用他的文字咀嚼着品味着人世的悲伤、无奈以及逝水般的年华……虽说阿索林的作品篇与篇互不连贯，然而正是这些油画式的回忆画面拼接起来的耐人品鉴的人生小品和小诗受到了"五四"以来一代一代作家、一代一代读者的热爱。汪曾祺就说过阿索林是他终生膜拜的作家。汪先生小说的散文诗化，状写人事的淡墨简笔，取材的平凡和语言风格的清纯别致，当是直追阿索林的。他是热爱阿索林的身体力行者。不过汪先生的小说更像"云林山水"。借用书话家王稼句的话来评述就是：乡情的熏陶，使他的一篇篇小说成了一幅幅描绘风俗，缅念旧事，抒发故土之思的水墨册页。

当然，终生膜拜阿索林的更有徐霞村、戴望舒、卞之琳三位先生。他们都是新文学作家中的第一流作家。他们虽据英法文转译阿索林，但译笔都颇能传达再现原作的神韵、风格和意境。徐霞村、戴望舒合译的《塞万提斯的未婚妻》一九三〇年三月由神州国光社印行。几乎是在同时，卞之琳也译了阿索林的《小哲学家自白》《蓝白集》等许多小品，后来收入他的短作译品集《西窗集》，由郑振铎编入"文学研究会世界文学名著丛书"，由上海商务印书馆一九三六年三月初版。一九四三年五月，卞先生又将自己所译的阿索林小品的零篇短札和小说章节从《西窗集》中抽出另编一本《阿左林小集》，交重庆国民图书出版社出版。这些书均绝版已久，即使存世者也早成新文学书刊收藏家的珍品了。虽说徐、戴二先生译的《塞万提斯的未婚妻》一书，一九八二年七月曾由福建人民出版社以《西班牙小景》的书名重印过一版（徐霞村先生曾写《重印前言》向今日读者推荐阿索林），卞先生的《西窗集》也曾增订由江西人民出版社再问人世，但都因一时纸贵洛阳而难遇难逢。《阿左林小集》却一直未见重印。为了寻访阿索林，我求友请托，驰函邮购，蹀躞冷摊，踏破芒鞋，不知历经几多风雨春秋而终究是一场梦幻。所幸的是，一个偶然的机遇，我在一家毫不起眼的取名"神灯书屋"的小书店里买得卞先生的一本《紫罗兰姑娘》（《中国翻译名家自选集·卞之琳卷》，中国工人出版社，一九九五年

《西班牙小景》书影

八月版），书中除收入英国作家衣修午德的《紫罗兰姑娘》，法国作家纪德的《新的食粮》和《浪子回家集》外，还悉数收入了《西窗集》，里面正有着我所酷爱的魂牵梦萦的《阿左林小集》。三十年代卞先生翻译阿索林时曾写有一篇《译阿左林小品之夜》，记叙着他在烛影下翻译阿索林的情景，那是一篇多么好的，形似且神似的阿索林式的小品啊！如今卞先生出版他的译品自选集仍没有忘记阿索林，于斯可见卞先生对这位西班牙作家是多么地挚爱了。谢谢您了，卞先生！我总算圆了一场小小的夜梦和白日梦。在寒斋，我常常在摩挲之余把这书插在废名的小说集和汪曾祺的《晚饭花集》一块儿，或是放在枕边，让它伴着我那夜夜有的三更书梦。然而，人生难得圆满、书梦也难得圆满。那本徐霞村、戴望舒译的《西班牙小景》却终于失之交臂。书海茫茫，何处捞针？那些专业爱书家况且望旧书而兴叹，又遑论我辈书虫！我安慰着自己，却又耐不住那书的诱惑力。此生还能碰见那本《西班牙小景》吗？

阿索林是古怪的。阿索林又是永具魅力的。

一九九八年十二月十五日

（原载《译林书评》一九九九年一月十五日，总第十二期）

《伦敦的叫卖声》
——爱书絮味之二

"初来乍到的外国人或外地乡绅，最感到吃惊的莫过于伦敦的叫卖声了。我那位好朋友罗杰爵士常说，他刚到京城第一周里，脑子里装的全是这些声音，挥之不去，简直连觉都睡不成。相反，威尔·亨尼康却把这些声音称为'鸟喧华枝'，说是这比什么云雀、夜莺，连同田野、树林里的天籁加在一起还要好听呢。"这是英国散文家约瑟夫·阿狄生的散文《伦敦的叫卖声》开篇的几句话。它幽默、优雅、洗炼、先声夺人，直逼着你非要一气呵成把下文读完不可。自然也令人想起《一岁货声》那样的书，想起陆游的"小楼一夜听春雨，深巷明朝卖杏花"，想起戴望舒《雨巷》里传来的卖花声——那叫卖声是很美的。甚至还令人想起卞之琳先生在《译阿左林小品之夜》里写到的"硬面饽饽饽饽"的叫卖声，想起汪曾祺小说《职业》里那不绝于耳的叫卖声"椒盐饼子西洋糕"，尽管这叫卖声后来被孩子们变成了"捏着鼻子吹洋号"！但依然是很美很动听的。叫卖声能"辨乡味，知勤苦，纪风土，存节令"，是来自民间的质朴的风俗文化，自然也就引起许多中外文学家的浓烈兴趣而对它们进行描摹了。

阿狄生（一六七二——一七一九）是继培根之后于十八

《伦敦的叫卖声》书影

世纪初出现的有代表性的英国随笔作家。他与另一位英国散文家斯梯尔（一六七二——一七二九）从小就是好朋友，生于同年，一同上中学，一同在牛津大学读书。毕业后，阿狄生在爱尔兰做官，斯梯尔则被辉格党政府任命为官报主编。英国文学史常把他们二人并称，乃是因为他们两人的文学成就是密切联系在一起的。一般认为阿狄生的散文艺术优于斯梯尔，但斯梯尔在文学史上的开创局面之功则不可湮没。一七〇九年斯梯尔除主事官报外，还创办了《闲话报》。这个刊物是英国有史以来第一家文学期刊，每周三期，内容主要是社交娱乐诗歌新闻随感录之类。他和阿狄生纷纷用假名在上面发表文章，融时事闲谈随笔于一炉，富于文学趣味，成为当时俱乐部和咖啡馆里不可缺少的读物。一七一一年，斯梯尔和阿狄生又合办另一种期刊《旁观者报》。因为前一年英国托利党上台，辉格党失势，阿狄生和斯梯尔也就索性专事文学。《旁观者报》每天一期，每期一篇文章，从一七一一年三月一日创刊到一七一二年十二月六日停刊，共出五百多期。《旁观者报》比《闲话报》办得更为精彩。他们写书论世事，造就了英国随笔的社会效应。如今，发散着英伦文化气息的幽默、睿智、优雅的英国散文饮誉寰中，书香宇内，自然还是不能忘记《闲话报》《旁观者报》这英国散文随笔的鼻祖的。

英国散文的中文译本，我购藏过查尔斯·兰姆的《伊利亚随笔》，维吉尼亚·伍尔夫的《书和画像》，都是刘炳善先生译的。还有一本是"世界散文随笔文库·英国卷"（中国社会科学版），书名叫《玫瑰树》，都是不可多得的好书。近期又欣逢生活·读书·新知三联书店的《文化生活译丛》新出了《伦敦的叫卖声》，译者仍是刘炳善。全书精选了十八世纪至二十世纪十三位英国作家的三十余篇散文佳作（其中阿狄生四篇，斯梯尔一篇）。很美的书名，原来是阿狄生一篇散文的题目。斯威夫特、兰姆、赫兹里特、德·昆西、斯蒂文森、伍尔芙等众多作家相映生辉，摩挲品味之余的欢愉舒畅之情更是自不待言。在我与书的两情依依的氛围中，也就有了以上的微不足道的文字。

（原载《译林书评》一九九九年三月十五日，总第十三期）

《小东西》
——爱书絮味之三

一八六六年,阿尔封斯·都德(Aphonse Dauder)出版了以故乡普罗旺斯的人情风物、传说掌故为题材的散文和故事集《磨坊文札》,从此一举成名,引起世人瞩目。两年后,都德出版了他的第一部长篇小说《小东西》,又一次获得了巨大的成功,赢得了他作为著名小说家的声誉。

都德生于法国南部尼姆城一个破落的丝绸商家庭,很早就为穷困所迫独自谋生。十五岁起在小学里任管学监(类似辅导员),十七岁那年,他带着诗作来到巴黎,凭着一股少年热情走上文学之路。但他的第一部诗集《女恋人》(一译《多情女》)并未得到成功。他的真正的成功,还是开始写小说以后的事。而《小东西》正是一部半自传性的作品,从中可知都德早年的奋斗史。小说写的是小东西很小的时候,家里破了产,全家被迫离开故乡,搬到里昂去。他在里昂穷得没法读完书,于是到沙兰德学校去当学监。在学校里,他受到教师的轻视,学生的欺侮,后来还被人利用,遭到校方开除。他失业以后就到巴黎跟他哥哥住在一起,他梦想做一个诗人,但是没有成功。最后他哥哥病死了,他自己在一场大病之后和一个巴黎商人的女儿结了婚。《小东西》就是这样通过主人公的悲欢离合表现了一个无助的少年在资本主义

《小东西》书影

社会环境中的痛苦、失望、梦想和爱情。因为出身贫苦，都德对于卑微的人们总是抱着深厚的怜悯，对于不幸的孩子们总是特别寄予同情。在这部小说里，没有惊心动魄的事件，也没有波澜起伏的情节，作者也并未着力对现实进行批判。小说通篇只是由白描的日常生活场景和小东西在生活中丰富的观感、敏锐的感受所组成。透过平平淡淡的笔墨，我们却洞悉了当时那个社会的虚伪和冷酷。诚如黎烈文先生所评论的："他的作品并不和一般自然派的作品一样仅仅表现丑恶而使人绝望的人生；他常是在悲戚的情调上加上快乐的气氛，把眼泪与微笑混在一块儿。他同时有着狄更斯的幽默和法朗士的嘲谑。"因此，都德又有"法国的狄更斯"之称。

和那本《磨坊文札》一样，《小东西》很早就已有了中文译本。据说第一位译者是李劼人先生。一九二二年十一月，李劼人先生开笔始译，一九二三年六月，《小物件》（最初译名）作为"少年中国学会丛书"之一由上海中华书局初版。一九二四年、一九二八年、一九三五年又分别再版，三版，四版，可谓一时洛阳为之纸贵。一九四三年七月，李先生又改译《小物件》，更名为《小东西》。李先生还写了《〈小东西〉改译后细说由来》一文附于书末，并于本年十一月由重庆作家书屋出版。予生也晚，自然无缘读到李劼人先生早年的两种译本。然而舍间却藏有一本虽非珍罕然视同拱璧的《小东西》，是郝运先生译的。一九五七年九月新文艺出版社初版，二十五开本，文内竖排，插图四幅，扉页后有作者半身小像一幅，封面浅灰色，书名上方且有内容取自第一部第五节《谋你自己的生活》中小东西心情不安地看校长读介绍信的剪影。这本已来到世间四十多个春秋的风尘满面的书，是几年前一个偶然的机会用几本旧课本从一家单位正待处理的废旧书报中换下来的。这正应了德国犹太作家沃尔特·本杰明在《书痴》一文中说过的一句话，"就一个彻头彻尾的书痴而言，获得一本古书无异是赋于该书新生命"。四十年里还有哪家出版社出过这本书没有？当然我无缘知晓。我只知道加倍地珍视这本"平生塞北江南,归来华发苍颜"的郝运先生译的《小东西》。无论是周末之夜,还是寒暑假期,我不时轻抚书页,玩味都德作品轻淡的风格,品赏郝运先生那流畅传神的译文。自然也不时眷恋流落于世间的李劼人先生译的《小东西》。

与都德晚年写的那部回忆录《巴黎三十年》一样,《小东西》简直是一部令人沉思的长篇散文诗,美丽而又有兴味。从小东西那忧郁的叹息和闪着泪光的微笑里,我们应该深知,一个文学家的成功不知有过多少辛酸,不知要经过多少艰苦的奋斗!可珍爱的《小东西》什么时候才有新的译本呢?或者什么时候能重印李劼人、郝运的译本呢?我期许着。既为自己,也为孩子们!

(原载《译林书评》一九九九年七月十五日,总第十五期)

关于《妙意曲》

是集收莎士比亚、彭斯、济慈、密尔顿、布朗宁夫人、布莱克、沃兹沃思、兰多、雪莱等七十三位英国诗人的抒情诗二百首,李霁野译,四川人民出版社一九八四年九月初版。余素喜新文学作家的译品。一九八五年三月一日于南京鸡鸣寺幸得此册,至今视若瑰宝。

"郎歌妙意曲,侬亦吐芳词。"书名即出此《子夜歌》。一九二三年李霁野先生到北京读书,从北大图书馆借到一本威廉·夏普选编的《爱尔兰歌谣集》,给了他无限欣喜,缘此他迷恋英国抒情诗数十年。当年李先生选译了十来首,并发表了一首《他年的梦》。二十世纪八十年代初,李先生不顾年届耄耋,仍在开会、旅游之暇译出一百多首,于是便有了这本"清辉万古垂"的《妙意曲》。

在二百首"妙意曲"中,李先生特别欣赏兰多(Walter Sarage Landor)一首《生与死》的小诗。一九九一年十二月,《李霁野文集》第一卷出版时,先生特意将这首诗刊印在其中《温暖集》的卷首作为题词:"我在生命的火前/温暖我的双手:/一旦生命的火消沉/我愿悄然长逝。"兰多的这首小诗实在非常美丽地表达了一种淡泊宁静、从容通达的生死观。而这生命的最高境界也正是李先生平生高山仰止,心向往之的。

一九九七年五月，于《人民日报》惊悉九十四岁的李霁野先生的生命之火悄然长逝，于是找出《妙意曲》，重读《生与死》，写此以寄哀思。

（原载《译林书评》二〇〇三年一月十五日，总第三十六期）

莫渝译的《磨坊文札》

新近入藏寒庐的这本《磨坊文札》，由台湾当代诗人、诗评家、翻译家莫渝先生翻译，二〇〇二年八月由台北市新生南路的桂冠图书股份公司出版，属"桂冠世界文学名著"第一百四十九种。

莫渝，本名林良雅，一九四八年出生，台湾省苗栗县人。先后毕业于台中师专、淡江大学，一九七二年开始有计划有系统地译介法国诗歌，一九八二年到法国进修法国文学，且一直与诗为伍。暂时放下他的诗集、文评集不论，单说他译介的法国文学方面的书就有《法国十九世纪诗选》《恶之华》《韩波诗文集》《马拉美诗选》《魏伦抒情诗一百首》《白睡莲——法国散文诗经典》《香水与香颂——法国诗歌欣赏》以及《法国文学笔记》《法国诗人二十家》等多种。而《磨坊文札》，则是莫渝先生在这一领域的最新贡献。

这已是杏庐庋藏的都德名著《磨坊文札》之第四种译本了。而前三次的购藏与阅读远比不上这一回的欢悦和生动，因为这是一本图文互补、楚楚有致的动人之书。国际通行大三十二开本，封面设计是传统的西洋味。内文繁体竖排，二十四篇故事的每一题目居中竖排，余下均为空白，背面偏下方是插图。书前有阿尔封斯·都德像四帧，都德夫人像一帧，正文前有莫渝先生的"导读笔记"长文《普罗旺斯、磨坊与都德》，书末除莫渝先生作的《阿尔封斯·都德年表》外，尚有附录四篇，即黎烈文的《都德早年的奋斗》、叶灵凤的《都德与屠格涅夫》、戴望舒的《巴巴罗特的屋子——记都德的一个故居》、吕伦的《〈磨坊文札〉杂话》（四位作者都是大书爱家），加上纸张的温润和印制的考究，以及莫渝先生雅洁、优美的"恰好传达出都德诗人特质"的译文，一同蔚成诱人的风景。

《磨坊文札》是都德中年时期的作品，也是他的代表作。这部"轻松、流畅、愉快而微微带着一点烦忧"的杰作是迷人的。法国东南部的普罗旺斯是都德的故乡，对于都德来说，故乡的一切都具有迷人的魅力。他怀着深深的恋情，用简约的笔触、清丽的色调描绘出普罗旺斯一幅幅蓄满诗意的景象：远处的阿尔卑斯山峰，南方艳阳下的枞树林，寂静中悠悠传来的木笛声、驴子的铃声，鹡鸟的啼声……这儿的一切与灯红酒绿喧嚣骚动的巴黎截然不同，这儿是都德心灵的伊甸园。每年，都德都要断然无悔地远离巴黎，来到普罗旺斯休憩，以亲近明丽而富野趣的大自然，或外出走访老友，或回归荒废了的磨坊。纯朴的乡间风情，梦幻般的故事，往日的斜阳、星光以及旧时的月色，都给都德带来深深的追忆。

有十余年了，《磨坊文札》一直是我的枕边案头之书。在乡间校舍的青灯下，这样富蕴诗之美的怀乡之作，不知陪伴我熬过几多长夜的孤寂与无眠。即使插架，我也是把它与废名的《桥》《竹林的故事》，芦焚的《果园城记》，汪曾祺的《晚饭花集》，还有阿索林的书，摆放在一起。如今，莫渝先生的译品又使我掌中架上案头枕边喜添珠玑。

这本桂冠版《磨坊文札》是莫渝先生于今年早春时节自台北寄赠给我的。我能获读它的因缘也许是我曾于二〇〇〇年八月在《中华读书报》上发表过一篇《李劼人未译过〈磨坊文札〉》的小文。在赠书的温润的书页间夹有一页写于今年一月二十三日的短笺,莫渝先生说:"叶先生:你好!换作我,同样感到惊讶。在网页上,拜读过你的一些文章,最早一篇是谈《磨坊文札》,也一直惦记着……"真的,其时我感到十分的惊讶,也庆幸自己又结了这一份弥足珍视的书缘。我摩挲着桂冠版《磨坊文札》,还有同时获赠的莫渝先生的小诗集《水镜》,不由得想起一位书爱家朋友说过的话:"文人之间,也只有因书而识,因书而来往。"我用我的笔,在素笺上铭记下这一份书缘,并且永远镂刻在自己的心版上。

(原载《清泉》二〇〇三年六月十六日)

《磨坊文札》译事

一、李劼人未译过《磨坊文札》

知名翻译家徐知免先生曾写有一篇题为《都德的磨坊》的散文，刊载于一九九六年九月十日出版的《书与人》第五期"域外书窗"栏内，叙述的是一次游览"坐落在阿尔附近的丰维埃伊高地上"的都德的磨坊的经历。徐先生，抑或是责编特地为这个文题写了一条一百多字的注释，略云："阿尔封斯·都德，十九世纪后期法国著名作家。这本'Lettres de Mon Moulin'，曾有李劼人的译本《磨坊文札》，早已绝版。"不管是徐先生所为，还是责编所为，如上引录的这条注释的有关内容都是有悖于现代翻译史实的。

翻检贾植芳、俞元桂主编，福建教育出版社一九九三年十二月初版《中国现代文学总书目》这一巨卷的"著译编者书目索引"中有关"李劼人"的著译条目，再查李眉编《李劼人年谱》(初刊一九九二年第二期《新文学史料》)，后收入一九九九年六月四川文艺出版社版，严晓琴主编的《李劼人与菱窠》一书和伍加伦、王锦厚编《李劼人著译目录》(亦见《李劼人与菱窠》一书)，即可得出可靠的信息和结论：李劼人并未译过都德的《磨坊文札》。再说，李眉是李劼

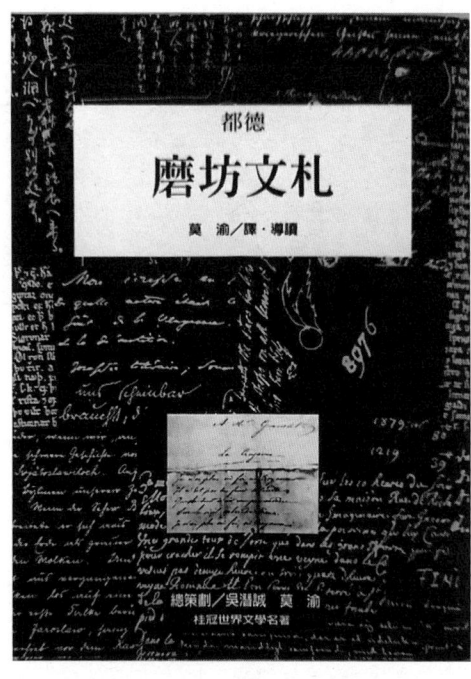

《磨坊文札》书影

人的女儿，况且《磨坊文札》又是世界名著，倘若李劼人真的译有这部名著，他的女儿会忍心在年谱中略去这样一件翻译大事吗？倘使哪位书迷为那条注释所误导，迷失到书之林莽去找《磨坊文札》李劼人译本，那才叫叫"踏破铁鞋无觅处"。

要说李劼人译都德的作品，他倒是译介并出版过都德的两部长篇小说。其一为一九二二年译的《小物件》，一九二三年六月作为"少年中国学会丛书"，由上海中华书局初版，并分别于一九二四年、一九二八年、一九三五年由上海中华书局再版、三版、四版。其二为一九二四年译的《达哈士孔的狒狒》，同年八月亦作为"少年中国学会丛书"，由上海中华书局初版，一九二八年、一九三五年由上海中华书局分别再版、三版。《小物件》初版的第二年，创造社作家洪为法曾有评论文字《读都德的〈小物件〉》发表于《创造周报》第四十号、第四十一号。紧随其后，敬隐渔又有《〈小物件〉译文的商榷》一文刊载于《创造周报》第四十三号，可见《小物件》这部译品不仅一时纸贵洛阳，而且有不小的影响。一九四三年七月，李劼人又改译《小物件》，更名为《小东西》，并写有《〈小东西〉改译后细说由来》一文附于书末，当年十一月作为"法国文学名著译丛"第一部分上、下册由重庆作家书屋出版。

二、"早已绝版"的《磨坊文札》中译本

至于说到《磨坊文札》最早的中文译本（亦即徐知免文的注释中提及的"早已绝版"的《磨坊文札》译本），其版权人当属成绍宗、张人权二人。他们二人合译的《磨坊文札》，一九二七年三月由上海创造社出版部初版，《中国现代文学总书目》（福建教育出版社，一九九三年十二月版）的"翻译文学"部分著录了这部"收入创造社丛书，又收入世界名著选"的译品。《创造月刊》《洪水》等创造社刊物也都有相应记载。如《洪水》半月刊第三卷第二十七期、第二十八期、

《磨坊书简》书影

第二十九期都有成、张合译《磨坊文札》即将出版的预告。一九二七年四月一日出版的第三十期《洪水》则有两处介绍到《磨坊文札》，其中一则广告云："都德的短篇，是世界文学史上最美丽的一种。这一册《磨坊文札》，就是他在磨坊中写下来的诗的散文，散文的诗。文笔之美，堪与《少年维特》相比。每册售洋六角，股东购读只需四角二分。"第三十四期《洪水》又曾以两个页码列出《创造社丛书纲目》（包括（Ⅰ）创造社丛书、（Ⅱ）世界名著选、（Ⅲ）明日小丛书），成绍宗、张人权合译的《磨坊文札》列《丛书纲目》中"世界名著选"的第二种。而一九二八年十月出版的《创造月刊》第二卷第三期上刊出的重新编号的《创造社丛书目录》，成绍宗、张人权译的《磨坊文札》则列为第三十九种。成、张合译的《磨坊文札》初版四个月之后的当年八月即再版，其影响亦不能说小。现代文学研究家倪墨炎先生曾写有《现代文学丛书散记》，其中的《创造社丛书》一题叙述甚详。有兴趣者倘一时找不着当年的《创造月刊》《洪水》原本或影印本，读一读倪先生的文章也将会对成绍宗、张人权合译《磨坊文札》的出版及其丛书归属情况有一个粗略的了解。倪先生的《创造社丛书》一文初版于《新文学史料》一九九三年第一期，《倪墨炎书话》也收了这篇文章。

三、《磨坊文札》新译本种种

虽说成绍宗、张人权合译的由上海创造社出版部出版的《磨坊文札》早已绝版，但在后来的翻译旅程中矢志翻译这部法国文学名著的仍不乏其人。一九五〇年九月，文化工作社出版了贾芝、葛陵合译的《磨坊书简》，二十八开本。一九五一年五月又第二次印刷，两次共印五千册。一九四一年，贾芝在陕北开译《磨坊书简》，但由于当年条件所限，贾芝未能译竟全书，而只是选译了其中的七篇。因此，文化工作版《磨坊书简》仅包括《从阿尔卑斯山归来》《塞根先生的山羊》《高塞神父的药酒》《磨坊老板、考赫尼尔的秘密》《老人》《散文短歌》《金脑人的传说》这七篇散文和一篇《前记》，只是一个选译本。一九八九年三月，生活·读书·新知三联书店出版了龚灿光的全译本《磨坊书简》，这是新中国成立后的第一个全译本，且多次重印，畅销不衰。一九九四年一月，天津百花文艺出版社出版了《都德散文选》（"外国名家散文丛书"第三辑之一种），书中收入了朱梵、贾芝、吴永琴合译的全译本《磨坊文札》，其文末署名者即为贾芝，其中《散文短歌》已改译为《散文诗两章》。朱梵为《磨坊文札》写了译后记，回顾了《磨坊文札》的坎坷译路。贾芝当年的一九五〇年"文化工作"版前记作为《都德散文选》全书的附录。二〇〇二年八月，法国文学翻译家、研究家莫渝译的《磨坊文札》作为"桂冠世界文学名著丛书"之一由台湾桂冠图书股份有限公司出版。桂冠版插图本《磨坊文札》可谓中译本里最奢华的一次展示。鄙人二〇〇三年在《清泉》和《译林书评》上已写有专文评介此书，在此也就不再多说。寒斋又藏有一本既不以《磨坊书简》为书名亦不以《磨坊文札》为书名的译本，即金龙格译《都德短篇小说选》。书中收入了《磨坊文札》，湖南文艺出版社，一九九四年十二月初版，"世界短篇小说精华"丛书之一，大三十二开护封精装封面画作者为著名插图画家、连环画家高燕。

《磨坊文札》是都德的怀乡之作。对于这样一部充满了清新诗意、风格淡雅柔和的作品，无论视之为散文还是短篇小说都恰到好处。叶灵凤在他的书话里就说过："都德的《磨坊书简》，是散文集，同时也是小故事。"并说《磨坊书简》与俄国屠格涅夫的《猎人日记》、西班牙巴罗哈·阿左林的散文集是"相类的作品"。柳鸣九主编人民文学出版社一九九一年版《法国文学史》也曾这样评价都德和他的《磨坊文札》："都德的短篇之不以故事情节而以韵味取胜，首先在于他是一个诗人气质的小说家，而不是一个以叙述见长的'讲故事的人'，在他身上最强有力的禀能并不是观察与想象，而

《都德短篇小说选》《都德散文选》书影

是感受。"我想这"感受"也许就是对"昨夜星辰""旧时月色"的心心念念。无怪乎当年《洪水》的广告称誉《磨坊文札》是"世界文学史上最美丽的一种",是"诗的散文",又是"散文的诗"。今年是法国文化年,在这样的日子,在这样的时刻,也就格外怀念都德这位"富有诗人气质的小说家"。

(原载二〇〇四年十一月二十二日《旧书信息报》)

获读《春花的葬礼》，想起诗人戴望舒

二〇一四年八月，上海文艺出版社隆重推出域外经典诗人的诗集丛书，丛书总名"巴别塔诗典"。第一批四种，包括德国诗人荷尔德林诗集《浪游者》，奥地利诗人特拉克尔诗集《孤独者的秋天》，法国诗人奈瓦尔诗集《幻象集》，法国诗人耶麦诗集《春花的葬礼》。"诗典"一律长三十二开，草绿纸面精装，素雅、端庄、典丽，无论是书房插架还是展卷吟咏，都极为理想。又据说这套诗典的每位译者都是某位诗人专门的研究者和翻译家，因之也就一次性欣然花银子购而庋之。

四种之中，我尤为喜欢的是耶麦的《春花的葬礼》。耶麦（Francis Jammes，一八六八——一九三八）是法国二十世纪前叶诗人四巨星之一，一生远离巴黎的喧嚣，深居法国西南部阿尔卑斯山脚下的一个小镇，诗风具有田园乡村的宁静而富宗教味。诗作相当多产，重要者有《从晨祷钟到晚祷钟》（一八九八年）、《春花的葬礼》（一九〇一年）、《天上的林中空地》（一九〇六年）、《四行诗》（一九二三年）、《田园与沉思》（一九三〇年）等。今日获读刘楠祺译的耶麦的诗，也就不由得想起了最早把耶麦诗歌译介到中国的戴望舒先生。

戴望舒是中国二十世纪三十年代新诗成长期的重要诗人

之一，文学史家一般将其归入中国新诗象征派的代表人物，与李金发并列为译介法国象征派诗的先导诗人。生前著有《我底记忆》（上海水沫书店，一九二九年）、《望舒草》（上海现代书局，一九三三年）、《望舒诗稿》（上海杂志公司，一九三七年）、《灾难的岁月》（上海星群出版社，一九四八年）四部诗集，共约九十首。

一九二五年秋季，戴望舒入震旦大学读法文，一九三二年十月自费赴法国留学，一九三五年春回到祖国。翻译家一致肯定他的法文、西班牙文相当精深。戴望舒在震旦大学时，在神父的课堂上读雨果、拉马丁、缪塞，而在枕头底下却藏着魏尔伦、波特莱尔、果尔蒙和耶麦。诚如蛰存先生所说的，"一切文学作品，越是被禁止的，青年人就越是要千方百计去找来看"。"他终于抛开了浪漫派，倾向了象征派……最后还是选中了果尔蒙、耶麦等后期象征派。"（参见施蛰存《〈戴望舒译诗集〉序》）

一九二七年"四一二"事变以后，戴望舒受到国民政府通缉，不得不隐居家乡杭州，不久，又和杜衡到江苏松江县施蛰存家中暂避。日久闲居无事，就以译诗为消遣。此时，兴趣极浓厚的，就是翻译果尔蒙、耶麦等后期象征派诗人的诗。在去法国之前，他翻译了果尔蒙那仅含十一首诗的小诗集《西茉纳集》，一九三二年七月二十日，戴望舒译毕最后一首即为这个小诗集写了一篇极精辟的"译后记"。在"译后记"中，戴望舒是那样地心仪果尔蒙："他的诗有着绝端的微妙——心灵的微妙与感觉的微妙，他的诗情完全是呈给读者的神经，给微细到纤毫的感觉的。即使是无韵诗，但是读者会觉得每一篇中都有着很个性的音乐。""果尔蒙的诗妙不可言，戴望舒先生所采用的无韵的、完全散文化的译笔同样是妙不可言的。"此一时段，戴望舒译法国后期象征派诗人的诗可谓精勤。接着，他又从耶麦的第一部诗集《从晨祷钟到晚祷钟》里选译了七首诗，分别是《屋子会充满了蔷薇》《我爱那如此温柔的驴子》《膳厅》《少女》《树脂流着》《天要下雪了》《为带驴子上天堂而祈祷》。就像钟爱果尔蒙的诗一样,此次他又为这七首诗写了精辟的"译后记",戴望舒是如此地推崇耶麦:"他是抛弃了一切虚夸的华丽、精致、娇美,而以他自己的淳朴的心灵来写他的诗的。从他的没有词藻的诗里,我们听到曝日的野老的声音,初恋的乡村少年的声音和为禽兽的谦和的朋友的圣弗朗西斯一样的圣者的声音而感到一种异样的美感。这种美感是生存在我们日常的生活上,但我们适当地、艺术地抓住的。"戴望舒还在法国时,赵景深在他编的《现代诗选》(上海北新书局,一九三四年五月初版)中不仅选收了戴望舒的《雨巷》,而且在"序"中郑重提到"戴望舒曾对我说,他最喜欢耶麦的诗"。两年后,赵景深在《中国文学史新编》一书的第十六讲《现代文学》里又扼要谈及"戴望舒《我底记忆》则学法国耶麦的,后又续出《望舒草》"。而真正能指出戴望舒在创作与翻译相互之间的关系者,该是他的终身挚友施蛰存。施蛰存是戴望舒生前文学活动的最佳伙伴。戴望舒是我国新文学史上受过相当浓厚的象征主义诗歌气息熏陶的诗人之一。倘要寻觅戴望舒和果尔蒙、耶麦之间某些诗创作的微妙关系,听听施蛰存先生的相关回忆,窃以为最能解渴:

戴望舒的译外国诗,和他的创作新诗,几乎是同时的。
望舒译诗的过程,正是他创作诗的过程。译道生、魏尔伦的时候,正是写《雨巷》的时候;译果尔蒙、耶麦的时候,正是他放弃韵律,转向自由诗体的时候。——《〈戴望舒译诗集〉序》

《望舒草》的编集,表现了望舒对新诗创作倾向的最后选择和定型。在《我底记忆》时期,望舒作诗还很重视文字的音韵美,但后来他自我否定了。他的《诗论零札》第一条就是"诗不能借重音乐,它应该去了音乐的成分"。为了符合他的理论,他编《望舒草》的时候,才完全删去了以音韵美见长的旧作,甚至连那首脍炙人口的《雨巷》也不愿保留下来。这样,《望舒草》就成为一本很纯粹、很统一的诗集。

望舒的译诗工作是和他的创作互为影响的。初期的戴望舒,从翻译英国颓废派诗人道生和法国浪漫派诗人雨果开始,他的创作也有些道生和雨果的味道。中期的戴望舒,偏爱了法国的象征派诗,他的创作诗就有些保尔、福尔和耶麦的风格。后期的译诗,以西班牙的反法西斯诗人为主,尤其热爱施尔迦的谣曲,我们也可以在《灾难的岁月》中,看到某些诗篇具有西班牙诗人的情绪和气质。——《〈戴望舒诗全编〉引言》

堪称法国的"田园诗人""乡村诗人"的耶麦,一生远离喧嚣的都会巴黎,过着宁静的乡居生活,他的所有诗集也都是富于田园风味的诗集,这也许就是戴望舒对他倾心钟爱的情结所在吧。可惜戴望舒先生译得太少,仅仅七首。

所幸在这个纷繁喧闹的世界上,还有许多位与戴望舒有着同样爱好的喜欢宁静的田园乡村风味诗歌的译诗家,台湾诗人莫渝是一位,他于新千年的第五年在河北教育出版社出了一本《雅姆抒情诗选》。十年之后,又涌现了一位译出耶麦(现通译雅姆)早期诗歌代表作《春花的葬礼》的译诗家刘楠祺。喜欢耶麦诗的读者真是有福了。

(原载《译林书评》二〇一五年五月十五日,总第一一〇期)

果尔蒙的《西茉纳集》在中国

最早知晓雷迷·特·果尔蒙（Remy de Gourmont，一八五八——一九一五）这一朵法国浪漫派迟开的奇花，是在获读《戴望舒译诗集》（湖南人民出版社，一九八三年版，"诗苑译林"之一）的时候，那时我正痴迷戴望舒的诗及其"晕碧裁红点缀匀"的萦绕着诗的氛围的译品。这部译诗集里正好有果尔蒙的《西茉纳集》。

后来的日子里，随着业余读闲书的视域的拓展，如是渐知，二十世纪二十年代前期，果尔蒙的田园诗《西茉纳集》中的诗歌就已有人译介到中国来了。如果我没有误记的话，最早译介果尔蒙《西莱纳集》的是创造社主将之一的郑伯奇。一九二一年五月，郑伯奇翻译的果尔蒙的小说《鲁森堡之一夜》作为"世界名家小说"丛书之一由上海泰东图书局出版，书前有郑伯奇于一九二一年十一月十一日写于日本京都的题为《赖弥·德·古尔孟》的代序。在这篇代序中，有郑伯奇译自《西茉纳集》的一首《雪》，不妨一录：

西曼，雪儿像你的膝头一样白，
西曼，雪儿像你的脖项一样白。

西曼,你的心儿和雪一般冰冷,
西曼,你的手儿和雪一般冰冷。

雪儿不过火的亲吻不会消融,
到了别离的亲吻你的心才动。

雪儿在松树枝头怪是清愁,
金发下,你的脸儿越显消瘦。

我的姐姐雪儿,在庭前深深睡着,
西曼,你是我的雪儿也是我的爱哟!

紧接着翻译果尔蒙的是周作人。一九二五年九月,周作人翻译的诗歌、戏剧、小品集《陀螺》由北京新潮社出版,此书为"新潮社文艺丛书"第七种,据说其中就有果尔蒙《西茉纳集》中的《死叶》和《雪》。予生也晚,惜至今未能得读《陀螺》的"新潮社文艺丛书"本,只是在岳麓书社版《知堂序跋》一书中借助周作人一九二五年六月十二日为即将梓行的译品集《陀螺》所写的序了解到"集内所收译文共二百八十篇,计希腊三十四,日本百七十六,其他各国七十。这些几乎全是诗,但我都译成散文了"。周氏还强调说,他的《陀螺》"不是一本译诗集"。因为,周作人始终固执地认为:"诗是不可译的。"

继周作人之后,第三个译介果尔蒙《西茉纳集》的该是精通法文的诗人戴望舒了。一九三二年春夏之交,戴望舒开笔翻译《西茉纳集》。那是一个篇幅不大的小诗集,加之太深爱的缘故,诗人一鼓作气将集子中的十一首诗悉数译出。十一首诗依次为:《发》《山楂》《冬青》《雾》《死叶》《河》《果树园》《园子》《磨坊》《教堂》。七月十二日,戴望舒译毕之余,即为这个小诗集写了一个"题记"(或称"小序"),因极精短,照录如下:

玄迷·特·果尔蒙是法国后期象征主义诗坛的领袖，他的诗有绝端的微妙——心灵的微妙、感觉的微妙。他的诗情完全是呈给读者的神经，给微细到纤毫的感觉的，即使是无韵诗，但是读者会觉得每一篇中都有着很个性的音乐。

"西茉纳"是他的一个小集，虽然小，但是他底著名诗作。从前周作人先生曾以"西蒙尼"的题名译出数首，编在《陀螺》里。现在我不揣谫陋，把全部译过来，介绍给读者。

一九三二年九月一日出刊的《现代》第一卷第五期全文发表了戴望舒译的《西茉纳集》。果尔蒙的十一首诗妙不可言。戴望舒的译诗同样是妙不可言的，很是影响了后来的几代作家。

诗人卞之琳同样是果尔蒙诗歌的爱好者，几乎与诗人戴望舒同时，卞之琳也翻译了果尔蒙的诗。一九三六年三月，卞之琳的译品集《西窗集》作为"文学研究会世界文学名著丛书"之一由商务印书馆初版。在这本暗绿色布面烫银硬精装外罩深灰色护封三十六开本的小书里，诗人将"果尔蒙"译为"古尔蒙"，将"西茉纳"译为"西摩妮"。可惜诗人译得太少，在整本《西窗集》里，属于果尔蒙的，仅仅只有一首《死叶》。但戴望舒、卞之琳同属新文学史上屈指可数的出色翻译家。他们译的"西茉纳"均为读后殊堪回味的神品。在此，不妨就《死叶》诗的前两节分别抄出两位诗人的译诗：

西茉纳，到林中去吧，树叶已飘落了，
它们铺着苍苔、石头和小径。

西茉纳，你爱死叶上的步履声吗？

它们有如此柔美的颜色，如此沉着的调子
它们在地上是如此脆弱的残片！

西茉纳,你爱死叶上的步履声吗?

——戴望舒译

西摩妮,到林中去吧,树叶掉了,
把石头,把青苔,把小径都罩了。

西摩妮,你可爱听死叶上的步声?

它们的颜色多柔,色调多庄严,
它们在地上是多脆弱的残片!
西摩妮,你可爱听死叶上的步声?

——卞之琳译

两者相较,可谓各有千秋。其共同优点,都非常散文化,非常口语化,译诗中有原作的韵致,也有译家自己的风格。后者虽不及前者柔曼飘逸,但语调似乎要干脆利落一些。

在海峡彼岸的台湾文学界,果尔蒙的《西莱纳集》同样受到人们的推崇和重视。诗人覃子豪的《覃子豪全集Ⅱ》《覃子豪全集Ⅲ》就分别收有他译的《落叶》和《雪》。诗人、翻译家莫渝的译著《法国十九世纪诗选》(志文出版社,一九七九年版)一书中有一首《教堂》。而诗人叶泥在译介日本诗歌之余,也曾由日文转译过果尔蒙的《西茉纳集》。他的译诗集《西蒙及其他》(包括《西茉纳集》十一首,《梦》及其他四首——笔者注)在台湾诗歌界最受追捧,隐约间甚至影响了台岛的情诗创作。诗人洛夫有《赠圣兰》一组十章短诗,白萩也曾写下《给洛利》一组十首情诗,这一切分明都是叶泥译介《西茉纳集》之后掀起的情诗涟漪。

而在祖国大陆,喜爱果尔蒙田园诗《西茉纳集》的读者则更多。除了前文提及的郑伯奇、周作人、戴望舒、卞之琳四位新文学前辈,当代作家中最著名的两位,一位是福建的散文家郭风,另一位则是武汉的儿童文学作家、书话家徐鲁。

散文家郭风在《我与散文诗》《关于果尔蒙》等文章里回忆他在青少年时期就喜欢上了十九世纪末法国后期象征派诗人果尔蒙。他随身带着一本用土纸订成的手抄本,不时地在故乡县城里的一座谯楼上所设的一个民办图书馆抄下诗人戴望舒翻译的阿左林的《西班牙的一小时》、果尔蒙的《西茉纳集》。一直到老年,仍然能背诵这一小小诗集中的《发》《冬青》等诗篇。虽说那个土纸订的手抄本在一个冬天里散失了,后来,他又从一所高校中文系的资料室借来一册《现代》合订本,重新由他的女儿代他抄写了一份《西茉纳集》的手抄本。可以说,果尔蒙、阿左林是郭风终生膜拜的作家。他在《叶笛》《麦笛》及其《叶笛集》中的若干名篇里抒发着从童年时代起便培养起来的对于桑梓乡土的眷恋之情,抒发着对于故乡土地和乡亲的爱。尤其是那两篇《叶笛》(一篇写于一九四七年,另一篇写于一九五七年)就很像果尔蒙《西茉纳集》里的诗。

儿童文学作家、书话家徐鲁的《剑桥的书香》书中有一篇《难以忘怀的西茉纳》,他在文章里谈到他读到《戴望舒译诗集》一书时,最使他着迷的,像是一种精灵一下子附在他心上的是果尔蒙的《西茉纳集》。徐鲁出版过《歌青青,草青青》《我们这个年纪的梦》《散步的小树》等诗集,可以说它们都是深受果尔蒙《西茉纳集》影响的诗集。徐鲁在这篇文章里,对《西茉纳集》的创作者和翻译者可谓饱含深情:

应该承认,我作为二十岁人前后创作的那些诗与散文中的情调,都是"西茉纳"式的,夸大点说,无论是感情基调还是文字风格,都是深深地接受了戴望舒译的这部《西茉纳集》的影响的。虽然当时我还不曾完全理解果尔蒙作品中的深沉的哲学思想,例如那种隐藏在爱情诗的外表之下的强烈的宗教情绪和悲观的、避世的人生宿命观念。我当时所能接受和乐于接受的,只是《西茉纳集》的单纯、朴素与挚切,那青青的四月一样的清新与浪漫,那和谐、自然的牧歌风格。

与某一位诗人或某一部作品的不期而遇,有时只是瞬间的事。而一旦相遇便难解难分,进而偏爱于他,"私淑"于他……这种情况有时确是非常微妙和值得思考的。如果将来想起自己青少年时期的文学创作所受的影响,我想我是不应该绕开戴望舒译的《西茉纳集》的,虽然这只是一本仅有十一首诗的小集。

郭风和徐鲁,对《西茉纳集》难以忘怀,对戴望舒亦同样难以忘怀。可见戴望舒是翻译果尔蒙《西茉纳集》最成功,也最有影响力的翻译家。戴望舒翻译的《西茉纳集》无疑是新文学史上翻译文学的经典。经典作品不会是明日黄花,它的魅力是永存的。

(原载《译林书评》二〇一六年十一月十五日,总第一一八期)

梁实秋眼中的布莱克

拙文《威廉·布莱克诗歌翻译在中国》杀青后，即发现有一个重大遗漏。在中国百年"莎译"事业中翻译、出版了最为完备，最具系统的《莎士比亚全集》的译界先贤梁实秋先生也曾为译介布莱克做出过贡献。

一九二七年八月十二日是英国大诗人布莱克的百年忌日。《小说月报》《语丝》《文学周报》等诸多刊物都纷纷发表纪念文章。九月五日，上海的《泰晤士报》也刊发一篇来自英伦的电讯，报道了英国纪念布莱克的情况。梁实秋读了这篇电讯后随即写了《诗人勃雷克——百周年纪念》一文，以此来纪念他"平夙喜欢研究"的这位英国革命浪漫主义诗歌的伟大先驱。梁氏后来将此文收入一九二八年五月新月书店初版的《文学的纪律》一书。是文着重对布莱克"诗里的幻想"和"诗里的图画"这两点谈了自己的看法。对于布莱克诗中的幻想，梁实秋认为："勃雷克是个孩子。并且还是一个稀奇古怪的孩子。""勃雷克的诗便是儿童的眼睛对于宇宙万物的观察。他所看见的不是千形万状的生活，不是复杂躲闪的人性，乃是长着小翅膀的小天使，乃是摇曳生姿的美貌的神仙，乃是有头无脚有脚无头的恶魔鬼。我们看不见的东西，他看见了，于是乎，他是疯子；我们想得到的，他竟说得出，于是乎我们没法子只好叫他做诗人了。""勃雷克的幻想总算是丰富强健极了……但是说句唐突的话，勃雷克的想象的质地，不是纯正的冲和的，而是怪异的病态的。""勃雷克看见的东西，我们在生热病的时候也可以看得见。病态的幻想，新鲜是新鲜的，但究竟是病态的。"对于布莱克的"诗里的图画"，梁实秋则又说，"有诗才的人，同时兼擅绘事，永远是一件危险的事。危险，因为他容易把图画混到诗里去，生吞活剥的搬到诗里去。""勃雷克的图画成分，不但是多，而且是怪丽，带着浓馥的中古时代的色彩……勃雷克在这一点，真不愧是浪漫的先驱。"在文章最后，梁实秋强调指出："我们五体投地地佩服他的天才，但是要十分的惋惜他没能把他的不羁的幻想加以纪律，没能把他的繁丽怪僻的图画的成分加以剪裁。"看得出，梁氏对布莱克"诗里的幻想"和"诗里的图画"是颇有微词的。但梁氏是一位一贯坚持理性、秩序、节制的古典主义文学观的批评家。在《文学的纪律》一文中，他多次强调指出：

　　文学里可以不要规律，但是不能不要标准。从事于文学事业的人，对于这个标准要发生一种相当的关系，那便是文学的纪律的问题。

　　文学的活动是有纪律的，有标准的，有节制的。

　　所谓节制的力量，就是以理性驾驭情感，以理性节制想象。

　　情感不是一定该被诅咒的，伟大的文学者所该致力的是怎样把情感放在理性的缰绳之下。文学的效用不在激发读者的热忱，而在引起读者的情绪之后，予以和平的宁静的沉思的一种舒适的感觉。

　　当我们明白了梁实秋的文学观，也就不难理解他在对布莱克审美接受过程中的"颇有微词"。因为梁实秋强调的是文学想象力的限度。

有意思的是,梁实秋在《诗人勃雷克》一文中还原文引录了布莱克那首有名的《天真的预示》,且还译成了中文。他的译诗是这样的:"一粒沙砾里看出世界/一朵野花里看出了天/手掌里握着无穷/一小时里藏着久永。"与周作人、田汉、梁宗岱等人的译诗相比,梁实秋的译诗又自有一种风貌。

"平凤喜欢研究"布莱克的梁实秋先生晚年居台北。二十世纪七十年代初应友人蔡文甫邀约,为《中华日报》的副刊撰稿,开辟《四宜轩杂记》专栏,专门发表读书札记一类文字。"四宜轩"乃北京中山公园一处景点。梁实秋早岁在清华园求学时,常与友人在此啜茗谈心。其专栏名蕴藏着梁实秋先生萦怀故园的殷殷情意。梁实秋在《四宜轩杂记》这一专栏共发表读书札记六十余篇,其中一篇题为《扫烟囱的孩子》。布莱克写过两首《扫烟囱的孩子》,一首见《天真之歌》,一首见《经验之歌》。布莱克的诗往往是成双并对的,题目虽同,却显然有着深浅不同的看法。"扫烟囱的孩子"是十八世纪八十年代开始引起注意的英国社会问题之一。梁实秋这篇读书札记让人们了解到英国十八世纪晚期至十九世纪初期所谓"扫烟囱的"是怎样一种人以及他们生活在怎样的境况里。《天真之歌》里那首《扫烟囱的孩子》,写孩子心中有着天真美好的幻想——只要乖乖听话"尽职",好日子总会到来;而在《经验之歌》里,幻想破灭了,只留下沉痛的控诉。在文章里,梁实秋指出:"勃雷克富于幻想,且多神秘色彩,但是他也有现实的一面,对社会上不公道的事情不惜痛加讽刺。两首《扫烟囱的孩子》便是很著名的一例。""勃雷克的两首诗就是在为这一群不幸者呼吁改善待遇声中写的,其人道主义的精神与讽刺的手法是很感人的。"为了加深读者的现场感,梁实秋先生还特地将两首《扫烟囱的孩子》译成了中文:

(一)

母新死时我还年纪小,
我父亲就把我卖掉了,
那时我还不会喊"扫!扫!扫!"
于是我给你们扫烟囱,在烟灰上睡觉。

那是陶姆·达克尔,头发卷得像
羊背上的毛,剃头那天他哭了;我对他讲
"住声,陶姆!不要紧,你头上剃光,
烟灰就不会把你的白发弄脏。"

于是他止哭,就在那天晚上
陶姆睡后梦见奇怪的景象!
狄克,周,奈德,杰克,成千扫烟囱的,
都被关闭在一具黑棺材里。

来了一位天使,手持一把闪亮的钥匙
他打开棺材,把他们全部开释:
他们欢乐跳跃的走下绿色平原,
在河里洗澡,在阳光下取暖。

一身赤裸白净,口袋丢在一旁,
他们跳上云端,在风中徜徉;
天使告诉陶姆,如果他是乖小孩,
上帝是他父亲,永不缺乏愉快。

陶姆醒了;我们在黑暗朦胧中,
提起口袋扫把开始去做工。
虽然清晨寒冷,陶姆快乐暖和,
所以人只要尽责,不用怕灾祸。

(二)

雪中一个小小的黑东西,
喊着"扫!扫!"音调惨兮兮!
"你的爸爸妈妈呢?你说呀!"
"他们双双到教堂祈祷去啦。"

"因为我在荒原上很快乐,
大雪霏霏之中还露着微笑,
他们给我穿上一身黑衣服,
教我唱出悲伤的音调。"

"因为我快乐,又舞又唱,
他们以为没有给我什么损伤,
所以去赞美上帝,牧师和国王,
把我们的苦难看成了天堂。"

梁实秋是我国英国文学翻译界的巨擘。虽然他在文中自谦两首诗为"粗译",但他的极端口语化极端孩子口吻的译诗与梁宗岱、袁可嘉、杨苡等译家所译的布莱克诗歌放在一起,可谓相映生辉。

译毕两首《扫烟囱的孩子》以后,梁实秋先生为这篇读书札记写下了如下结语:

前一首末行是反语,所谓"尽职",尽什么职?无非是一年到头钻进黑棺材一般的烟囱里去做苦工而已。所谓"灾祸",什么灾祸?无非是临阵怯场受师傅的酷刑而已,后一首好像是更深刻一些,写教堂和信教的人士之虚伪冷酷。在勃雷克之后,查尔斯·兰姆有一篇文章《赞美扫烟囱的人》,陶玛斯·胡德也写过一篇《扫烟囱者的怨诉》,都是文情并茂,但究不及勃雷克的这两首诗之要言不烦。

梁实秋对于布莱克虽说"平夙喜欢研究",虽说在清华园求学时也译过几首,但他似乎没有专门译述过布莱克的诗,只是在写读书札记一类文字时才偶尔涉及。梁氏一贯主张:"文学批评即是文学判断。"梁实秋的这类文字不故作高深,亦不文晦词涩,自说自话,卓尔不群。他一生到老始终是一位坚持理性、秩序、节制的古典主义文学观,严守"文学的纪律"的批评家。我们分明可以从《诗人勃雷克》《扫烟囱的孩子》两篇文字以及《浪漫的与古典的》《文学的纪律》《偏见集》《梁实秋札记》等几本书中与作者一起分享到"阅读的体验,批评的睿智和人文精神的光斑"。(陈子善语)

(原载《译林书评》二〇一七年三月十五日,总第一二一期)

穆旦（查良铮）、袁可嘉与布莱克

穆旦最早的一首诗——《野兽》，写于一九三七年深秋。据说此诗深受英国浪漫主义诗人威廉·布莱克《经验之歌》里面一首名作《老虎》的影响。

一九三七年七月，抗日战争全面爆发。十月，穆旦作为护校队成员，随清华大学南迁长沙。当时，文学院暂设于南岳圣经学校。① 其时，风华正茂的英国杰出诗人、评论家威廉·燕卜荪缘于恩师瑞恰慈的举荐在清华文学院外文系讲授英诗课。在课堂上，穆旦与他的同学听燕卜荪讲艾略特的《普鲁弗洛克的情歌》、奥登的《西班牙》以及布莱克的诗。一次，燕卜荪在课堂上大讲布莱克，他说，"布莱克是莎士比亚和弥尔顿之后英国最伟大的诗人。他（指燕卜荪，引者注）讲了很多话，欣赏、推崇布莱克不得了，他朗读了布莱克的杰作《老虎》《伦敦》等诗篇。他推荐 T. S. 艾略特论布莱克的那篇文章，说得仔细读。那时，真巧，穆旦除喜欢拜

---

① 李方：《穆旦（查良铮）年谱简编》，《穆旦诗全集》，中国文学出版社，一九九六年九月版。

伦、雪莱、叶芝外，也特别喜欢布莱克"。① 这一时段，燕卜荪的英诗课对穆旦有着巨大的诱惑力。于是，内心深处燃烧着一簇烈火的穆旦，一面想着老虎那一对"在黑夜的丛莽里闪着灿烂的光芒"的眼睛，一面挥笔写下了《野兽》。诗刊登在临时校园的墙报上，赵瑞蕻也就成了这首诗最初的读者。此时，正是秋天。秋天，本应是丰收欢乐的季节。然而一九三七年的秋天"却是灰色的，黑色的，动荡的，凄凉的，悲愤的，兵荒马乱，烽火连天，也是同仇敌忾的，充满反抗声的"。② 为了表现民族的觉醒与抗争，穆旦在这首诗里把中华民族比喻成一只受伤的野兽，诗行深处回荡着民族抗战的强有力的呼唤：

> 黑夜里叫出了野性的呼喊，
> 是谁，谁噬咬它受了创伤？
> 在坚实的肉里那些深深的
> 血的沟渠，血的沟渠灌溉了
> 翻白的花，在青铜样的皮上！
> 是多大的奇迹，从紫色的血泊中
> 它抖身，它站立，它跃起，
> 风在鞭挞它痛楚的喘息。
> 然而，那是一团猛烈的火焰，
> 是对死亡蕴积的野性的凶残，
> 在狂暴的原野和荆棘的山谷里，
> 像一阵怒涛绞着无边的海浪，
> 它拧起全身的力。
> 在黑暗中，随着一声凄厉的号叫，
> 它是以如星的锐利的眼睛，

---

① 赵瑞蕻：《南岳山中，蒙自湖畔——怀念穆旦，并忆西南联大》，《新文学史料》一九九七年第三、第四期。

② 同上。

射出那可怕的复仇的光芒。

后来，穆旦将《野兽》编入他的第一部诗集《探险队》。一九四五年一月，此诗集作为"文聚丛书"之一由昆明文聚社初版，穆旦特意将《野兽》列于《探险队》之首，由此可知穆旦视《野兽》为"自己满意且认为是第一首成熟的诗作"。[1] 甚至，研究穆旦诗创作的研究者都认为《野兽》明显受到了布莱克《老虎》的影响。王宏印认为："从《野兽》诗中可以找出英国浪漫派诗人布莱克《虎》的影子。"[2] 蓝棣之说得尤其明确："穆旦最早的诗《野兽》，模仿英国诗人布莱克的《老虎》，写于一九三七年冬天。"[3] 在后来的全民抗战血与火的岁月里以至抗战胜利后，穆旦又写下了颂扬一个极度忍辱负重的民族潜在力量的《赞美》以及深切怀念死难战友的《森林之魅——祭胡康河上的白骨》等众多抗战诗篇。当然，这是题外之话，还是回到穆旦喜读布莱克这一话题。

缘于燕卜荪二十几年前撒播下的英诗课学问的种子，穆旦一直没有忘情布莱克。一九五七年恰逢布莱克诞生二百周年，世界和平理事会号召全世界人民纪念这位杰出的浪漫主义诗人兼画家。加之前一年"双百"方针的提出，我国外国文学研究界已形成一个欣欣向荣的景象，对布莱克的译介和研究继二三十年代第一个高潮之后出现了又一个高潮。尤为令人欢欣的是，一九五七年八月，人民文学出版社编辑部编辑出版了《布莱克诗选》。穆旦署名"查良铮"本名为这部

---

[1] 梦之仪：《穆旦：一生流浪的精神探索者》，《闲话（之十）精神探索》，青岛出版社，二〇一〇年七月版。

[2] 王宏印：《穆旦诗英译与解析》，河北教育出版社，二〇〇四年四月版，第四至五页。

[3] 蓝棣之：《论穆旦诗的演变轨迹及其特征》，《正统的与异端的》，华东师范大学出版社，二〇一四年十一月版，第二九八页。

《布莱克诗选》书影

诗选翻译了布莱克的第一部诗集《诗的素描》。《诗的素描》是布莱克二十岁以前的诗作。诗集中有歌咏时序之诗，也有歌咏星辰之篇，其中数首以《歌》命名的诗也都是欢乐的歌。总之，《诗的素描》的主题是童年的欢乐与大自然的美丽，是少年诗人刻画出的一幅幅天真无瑕世界的童真欢乐的素描。查良铮为什么没有译《天真之歌》抑或是《经验之歌》？是分摊给他的任务，还是他特别喜欢《诗的素描》？我想，出版社的邀约恐怕是主要原因。

在纪念布莱克诞生二百周年之际，穆旦（查良铮）的诗友袁可嘉也加入了翻译布莱克抒情诗的行列。他为《布莱克诗选》翻译的是《天真之歌》。一九五四年至一九五六年，袁可嘉是在外文出版社度过的。他当时担任英文部翻译，主要为英文版《中国文学》译诗和小说，同时，还做点英译汉的工作，为《译文》提供和翻译彭斯的诗歌。一九五七年年初，袁可嘉调入中国科学院哲学社会科学部文学研究所。为了纪念布莱克诞生二百周年，他除翻译了《天真之歌》，还写下了题为《布莱克的诗——威廉·布莱克二百周年纪念》的论文发表在一九五七年第四期《文学研究》上。一九五七年，对袁可嘉来说，可谓丰收年，纪念论文、译品《天真之歌》，加上《布莱克诗选》的"译序"也出之于他的手笔。他终于圆了对布莱克喜爱的由来已久的梦。在译序中，他热情肯定了布莱克的诗作画品表现出的人道主义精神和对现实社会批评的内容，并且指出："诗人对于资产阶级革命的热烈同情，对于英国现状的尖锐批评，对于解放个性的强烈要求，对于大同世界的衷心向往，对于劳动、艺术、和平的讴歌以及表现在诗创作上的瑰丽的想象，浓厚的生活气息使他不愧是英国浪漫主义诗歌的伟大先驱。"至于采用何种诗体翻译布莱克的诗，袁可嘉于一九九四年三月写的《译事漫忆》中回忆说："布莱克和彭斯写的多系歌谣体抒情诗，我原打算把它们译为五七言体，后来经过试验，觉得那样译出来的诗有陈腐味，不如仍用白话半格律体。我采用半格律体而非全格律体,因格律体英诗本身也常有变通出格的情况,译者没有必要去死死追随,但我不赞成把格律体译为自由体,那样又会削弱诗的韵味。无论写诗和译诗,我都是半格律派,我走的是中间道路。"

布莱克也是袁可嘉始终心仪的诗人。一九九五年八月,中国工人出版社推出一套"中国翻译名家自选集",其中就有一本书名为《驶向拜占庭》的《袁可嘉卷》,译者又从他早年译的《天真之歌》中选出十首诗置于这本自选集的卷首。

一个爱诗者的美好回忆就是关于他读到的所喜欢的诗人和所喜欢的译诗家的译诗集。人民文学出版社《布莱克诗选》自初版印行到今年整整六十年,手边这本得自冷摊僻肆的大三十二开、布脊纸面精装的《布莱克诗选》立在寒斋的书柜中也已近十年。尽管如今又拥有了杨苡先生翻译的由译林出版社推出的全彩印本和十六开绸面精装本《天真与经验之歌》,但我依然特别珍视这本历尽沧桑尽显尘旧之美古芬袭人的一九五七年版《布莱克诗选》,因为它是"九叶"诗人其中两位穆旦、袁可嘉领衔翻译的。

(原载《译林书评》二〇一七年三月十五日,总一二一期)

后记

庚子新春的一个良辰佳日,曾主编且已出到第八辑凡六十三种的品牌丛书"开卷书坊"的董宁文先生,来电邀约我编一本读书随笔类的集子加盟"开卷书坊"第九辑。开始有些彷徨,因为鄙人乃籍籍无名的曾在中学干"人之患"四十年的退休教师。后又念及如今要出一本闲书已是很难很难,宁文兄且是"平生风谊兼师友"古道热肠的好朋友。于是挑挑拣拣,就有了这本《杏庐读书记》。

这本小书是我第一本读书散札,水平很低,十分菲薄,真不好意思拿出手。然而又有二三同道朋友常常问及且想看看,如今能有机会在朋友们面前出示这本戋戋小册,虽说有点战战兢兢,但又颇觉欣然。一来,可用小书赠答同道朋友,不会再有来而无往非礼也的尴尬,二来,可以慰藉寂寞的心灵。"故非嘉卉列,聊作野花看",明代诗人韩洽五言律《雪下红》中的两句诗,正好表达了作者此时的心境。

小书中的五十余篇长长短短的文章全都发表过。《中华读书报》《博览群书》《出版史料》《书城》《山西文学》《旧书信息报》《藏书报》《芳草地》《译林书评》《开卷》《绿土》《清泉》《日记报》(后改名《日记杂志》以及《艾芜纪念文集》等一些书、报、刊都曾经慷慨地为我开辟过发表园地。我也终生不会忘怀龚明德、董宁文、葛玲良、潘潮、韩石山、张阿泉、王性昌、谭宗远等师友给予我写作上的督促、鼓励与帮助。同时我更怀念已故的倪墨炎先生、钦鸿先生。没有他们，就不会有那些文章，更不会有这本小书。

《杏庐读书记》中的"杏庐"乃我的书房。吾之"杏庐"与"杏林""杏坛"不怎么沾边。拙荆虽说曾经是一位颇具医德的医务工作者，但从不敢攀比董奉、华佗、张仲景这三位誉满杏林的"建安三神医"。鄙人虽说从事"人之患"数十年直至退休，但始终把像孔夫子那样到处聚徒授业视为自己的人生最高境界。吾之"杏庐"仅仅只是我教书之余读闲书写闲文的卑微斗室。我将书房命名为"杏庐"，乃是为了纪念一棵巨大傲岸的银杏树。我家祖宅位于家乡苏村畈白果墩。"白果墩"地名之来由，就是因为墩上矗立着一棵四人合抱直指苍天的巨大的白果树。她像一把巨伞，我把她视为母亲。夏天，我在她的怀抱里享受着荫凉。秋季，我在树下草丛捡拾白果。初冬，我又在经霜的草丛中挑拣金黄金黄的树叶夹在我爱读的书中做书签。我在她浓荫的呵护爱抚之下长大成人。然而这样一棵有着温馨母爱的大树却被野蛮砍伐于十年"文革"的浩劫时期。面对这残酷现实，我真是欲哭无泪。我常常在梦中梦见她。为了纪念这棵白果树，也为了纪念我的母亲，早些年又在新居南面的空地上植上一棵白果树，如今业已绿树成荫。同时，我也把书房命名为"杏庐"。我平生第一本书，也就名之为《杏庐读书记》。

"众鸟欣有托，吾亦爱吾庐。"面对时光流逝，人们总是寄厚望于明日。我将效仿居于田园耕种之余以诗书自娱的陶渊明，躲在我所爱的草庐里安安静静地从事读书方面的劳作，力争在不远的将来有第二本可聊以自慰的书生"成就"。

庚子正月新春廿五，叶嘉新写于杏庐，南窗外不远处两株红梅绽放，暗香冉冉袭来，沁人心脾。

策 划

宁孜勤

主 编

董宁文

第一辑

开卷闲话六编	子 聪
我的歌台文坛	宋 词
纸醉书迷	张国功
书林物语	沈 津
条畅小集	严晓星
书虫日记二集	彭国梁
劫后书忆	躲 斋
寻我旧梦	鲲 西

第二辑

开卷闲话七编	子 聪
邃谷序评	来新夏
难忘王府井	姜德明
楷柿楼杂稿	扬之水
读书抽茧录	桑 农
书虫日记三集	彭国梁
书虫日记四集	彭国梁
笔记	沈胜衣
我来晴好	范笑我
听雪集	许宏泉
旧书的底蕴	韦 泱
旧书陈香	徐 雁

第三辑

开卷闲话八编	子 聪
一些书 一些人	子 张
左右左	锺叔河
西窗看花漫笔	李文俊
待漏轩文存	吴奔星
自画像	陈子善
文人	周立民
我之所思	刘绪源
温暖的书缘	徐 鲁
书缘深深深几许	毛乐耕

第四辑

开卷闲话九编	子 聪
文坛逸话	石 湾
渊研楼杂忆	汤炳正
转益多师	陈尚君
退密文存	周退密
回忆中的师友群像	钱伯城
旧日文事	龚明德

第五辑

开卷闲话十编	子 聪
白与黄	张叹凤
拙斋书话	高克勤
雨脚集	止 庵
北京往日抄	谢其章
文人影	谭宗远
云影	吴钧陶
怀土小集	王稼句

第六辑

人在字里行间	子 张
书话点将录	王成玉
人生不满百	
——朱健九十自述	朱 健
	肖 欣
百札馆闲记	张瑞田
夜航船上	徐 鲁
近楼书话	彭国梁

第七辑
闲话开卷	子聪
木桃集	朱航满
百札馆三记	张瑞田
文人感旧录	眉睫
新月故人	唐吟方
三柳书屋谭往	顾村言

第八辑
闲话开卷续编	子聪
旧刊长短录	韦泱
疏林闲览	李福眠
书边小集	金小明
绝响与回声	罗银胜
转益集	徐雁

第九辑
杏庐读书记	叶嘉新
梅川序跋	
——关于中国现代文学	陈子善
旧时文事	龚明德
书生札记	蒋力
写在开卷边上	董宁文